『ドイツ研究』第 56 号

目次

シンポジウム Lügenpresse ——マスゴミ? ドイツと日本におけるメディアの位相

論　文

公募論文

トピック

書　評

学会通信

Lügenpresse ——マスゴミ？

ドイツと日本におけるメディアの位相

企画趣旨

西山暁義

近年のメディアにおいては，「フェイク・ニュース」，「ファクト・チェック」など，報道の信ぴょう性を問うことが日常の光景となっている。もちろん，以前より個々のメディアの政治的スタンスの違いや，それによる報道の重点の置き方に違いはあったものの，報道の内容自体が真実であるか否かがこれほどまでに問われたことはなかったのではないだろうか。

「フェイク・ニュース」と聞けば，SNSを駆使したアメリカ合衆国のトランプ前大統領とその政権がすぐに想起されるであろう。しかし，それはいうまでもなく，アメリカだけの問題ではない。ドイツにおいても，2014年の「今年の粗悪語（Unwort）大賞」に選ばれたのが，「ペギーダ」や「ドイツのための選択肢」といった移民難民問題において政府やリベラルなメディアを攻撃する政治運動，政党が多用した「嘘つきメディア（Lügenpresse）」という言葉であった（「ペギーダ」自体も大賞候補となっていた）。「粗悪語大賞」は，1991年に始まる賞であり，2011年以降は4人の言語学者と1人のジャーナリストの5名からなる独立した審査委員会によって選定されている(1)。初回（1991年）には「外国人不在の（ausländerfrei）」という形容詞が，翌1992年には「民族浄化（ethnische Säuberung）」，1993年には「外国人の過剰な受け入れ（Überfremdung）」が選出されており，統一直後の反移民やユーゴ紛争に関連する言葉が選ばれている。また，2014年以降も，不法とされた移民難民の退去処分を批判的に検証する人びとを指す「反国外追放産業（Anti-Abschiebe-Industrie）」（2018年）が選ばれており，移民難民や多文化をめぐるシニカルで攻撃的な新造語がしばしば取り上げられている。他方，2017年には，トランプ大統領の就任式に参加した群衆の数を（オバマ大統領のときを超える）「過去最大」としたホワイトハウス報道官の「虚偽」を大統領顧問コンウェイが擁護する際に使った「もう一つの事実（alternative Fakten）」が受賞しており，ここ数年政治，社会とメディア，報道の関係が（グローバルな）問題としてより意識されるようになっていることを示唆している。

「嘘つきメディア」とは，読んで字のごとしと思われるが，オンラインジャーナリズム学事典の「Lügenpresse」の項目では，以下のように定義されている。「定評あるメディアに対する不信，さらにはしばしばその根本的な拒絶を表明しようとするスローガンであ」り，「字義によれば，それはジャーナリストが意図的に誤った事実を語っている，あるいは歪曲していると一方的に断じる。広義としては，報道と見解について行われた選択や，報道を支配する解釈範型（フレーム）を批判する。」(2)もちろん，メディアに対する批判は今に始まったことではなく，むしろメディアの歴史そのものに同伴する現象である。実際，「Lügenpresse」という言葉自体は1836年，報道の自由の制限を支持するフランスの議員の発言を報じたウィーンの新聞記事が初出であるというが，同様の表現はそれ以前から存在していた。そして以降も，革命や大戦，冷戦・東西分裂の文脈で，内外の政敵を攻撃する言葉として用いられており，利用する主体も政府自身であることもあれば，反対勢力であることもあった(3)。

これに対し2014年の「受賞」においては，「Lügenpresse」がナチによるメディア攻撃の用語であったことが強調され，民主主義を掘り崩す危険な兆候であると指摘されている。排外主義や多文化に対する忌避といった現在の潮流を，ドイツの記憶文化として定着したナチズムの否定と結びつけて論じられていることは，一方でドイツ特有の状況といえるであろう。しかし，メディアに対する不信感の高

(1)「粗悪語大賞」については，その公式HPを参照。https://www.unwortdesjahres.net/ また歴代の粗悪語（および落選した候補）の一覧については，ドイツ語版ウィキペディアの項目を見よ。https://de.wikipedia.org/wiki/Unwort_des_Jahres_(Deutschland)

(2)“Lügenpresse”，https://journalistikon.de/luegenpresse/（アクセス：2021年6月20日）この項目は，連邦政治教育センターの特集サイトからリンクが貼られている。“Spezial zum Thema Verschwörungstheorie”，https://www.bpb.de/lernen/digitale-bildung/medienpaedagogik/272545/verschwoerungstheorie-luegenpresse（アクセス：2021年6月20日）

(3) Ebenda.

まりと，「真実」と「嘘」をめぐるせめぎ合い，そしてそれが民主主義体制に与える打撃は，アメリカやドイツに限らず，情報化社会に共通の問題となっており，日本においてもメディア不信の言説のなかで，「Lügenpresse」にあたる言葉として「マスゴミ」がネット空間において使われている。

ここに共通しているのは，SNSや匿名のコメントという誰もが意見を表明しうるオルターナティブなコミュニケーション・ツールやスペースの発展にともない，既存のメディアに対する信頼が揺らいでいるように思われる点である。実際，2019年，すなわちコロナ以前に市場調査企業IPSOSが行なった国際比較調査によれば，細かい項目においては重要な違いがあるものの，5年前，すなわち「Lügenpresse」が粗悪語大賞を受賞した年との比較でメディアに対する信頼感が低下したという点では，ほぼ同じ傾向が示されている(4)。

かつて，たとえば私が大学生であった30年前では，日本においてドイツ語でドイツからのニュースに直接接する機会はきわめて限られており，新聞雑誌といった紙媒体のメディアを（限られた場所で）手に取ることができるのは，数日あるいは数週間後という時差があった。それだけにドイツに滞在した際，その日の新聞を読み，またニュースや討論番組をザッピングしながらみることができるという事実がきわめて新鮮に感じられたものである。それが現在では，家であろうと移動中の地下鉄のなかであろうと，ドイツのさまざまなメディアや個人が配信する記事や動画を日本にいながら閲覧することが可能である。しかし，まさにこうした利便性の飛躍的な向上とは裏腹に，報道における「真実」や「信頼性」とは何か，すなわち公共圏における情報伝達のあり方が今や根本的に問われているのである。この問題について，ドイツでは現在どのような議論や取り組みが行われているのであろうか。また，そのなかで，公共放送の性格やクオリティーペーパーの存在などといった従来のメディアの特徴は堅持されているのか，あるいは変容しつつあるのだろうか。さらに，現在に至る1年半におよぶコロナ禍のなかでも，雑誌『クヴェアデンカー（Querdenker，異端的思考者の意）』を中心とする，政府の規制に反対する運動が「Lügenpresse」を用いつつ，メディア批判を展開していることはまさにメディアを通して知ることができるが，この不安と不満に満ちたコロナ禍という状況は，社会全般においてメディアの役割や立場にどのような影響を与えているのであろうか。

日本においてドイツに関心をもつ者にとって，その分野を問わず，ネットメディアはもはや不可欠な情報源であることから，これらの問題を今回のシンポジウムのテーマとすることにした。そして，学術，ジャーナリズム両面においてこの問題にかかわる4人の専門家をパネリストとして招き，この問題を考えることにした。

まず最初に，林香里氏からは，「日独メディア社会の課題と展望：デジタル化時代のメディアの信頼調査をもとに」と題し，テレビや新聞など伝統的なメディアに対する信頼感の変容，および統計数値として示される「信頼感」の意味を，比較の視点から論じていただいた。次に高田博行氏には，本シンポジウムのキーワードである「Lügenpresse」の概念史，あるいはそれをめぐる「神話形成」について，言語データの分析をふまえて語っていただき，穂鷹知美氏には，近年ドイツで行われているネット・コミュニケーションをめぐる法規制の現状と課題について，他国の事例も参照しながら論じていただいた。そして最後に，ドイツの新聞の日本特派員として活動してきたクリストフ・ナイハード(5)氏に，両国のメディアがもつ問題点について，いわばインサイダー的な観点からお話ししていただいた。コロナ禍の多忙ななか，また遠隔の地から，パネリストとしてご参加いただいた4人の方には心から感謝申し上げる。また，企画の実現に向けてご尽力いただいた，学会理事・幹事の穐山洋子，小野寺拓也，川喜田敦子の諸氏にも深くお礼申し上げたい。もちろん，1回のシンポジウムですべての問題点を洗い出すことは不可能ではあるが，この構成によって，ドイツの現状やその背景だけではなく，「合わせ鏡」に映る日本についても批判的に考えるきっかけを提供できたとすれば，企画者として望外の喜びである。

（4）“Truth in the Media”，https://www.ipsos.com/sites/default/files/ct/news/documents/2019-06/global-advisor-trust-in-media-2019.pdf（アクセス：2021年6月20日）

（5）Christoph Neidhart 氏のお名前は，ドイツ語的には「クリストフ・ナイトハルト」と表記すべきであろうが，ご本人が「ナイハード」を用いられていることから，それに従って表記することにした。

ドイツのメディアと日本のメディア
――社会との関係性から見る相違

林 香里

1 ドイツと日本――メディアの「中立性」を好むお国柄

ドイツと日本のメディア事情は少々似ている。第一に，ドイツにも日本のNHKに相当する，非常に強力な公共放送制度がある。たとえば，米国の放送制度には，日本やドイツのような強力な「公共放送協会」はなく，商業放送が中心である。PBSやNPRといった公共放送局もあるにはあるのだが，非営利団体によって運営される小さな組織で，政府からのわずかな補助金と民間の寄附金によって賄われており，ドイツや日本のような「受信料」制度もない。規模も，比較にならないほど小さい(1)。

そしてドイツも日本も，公共放送，商業放送のいずれもが，「放送制度」として法律の定めるところによって規制されている。それは，参入審査（免許制）から始まって，放送の内容にまで至るものだ。後者では，ドイツ，日本の両国の放送とも，中立性，公平性が重要な価値となっている。アメリカでも，かつては放送事業者に対してフェアネス・ドクトリンといって「多様な視点をバランスよく内容に提示すること（balanced presentation of diverse view points）」を義務付けていたが，この原則は，規制緩和を推し進めたレーガン政権時代，1987年に撤廃された。今となっては，フェアネス・ドクトリンの撤廃こそ，今日の分断状況にあるアメリカのメディア市場の行方を決定した分水嶺であったと考えられている。つまり，この方針の撤廃以降，過激な政治思想を主張するトーク・ラジオや，政治的に偏向したフォックス・ニュースのようなニュース・チャンネルが誕生したのだった(2)。現在，アメリカでは，共和党の人が利用するメディアはレッド・メディア，民主党の利用するメディアはブルー・メディアなどと呼ばれ，メディアは社会の溝を埋めるどころか，分断作用を促していると考えられている(3)。これに対して，ドイツも日本も，このような思想的に偏向した放送事業者は，そもそも認められていない。ドイツでは，公共放送の使命は，「社会の統合的機能を果たし，社会的結束に貢献することである（Integrationsauftrag des öffentlich-rechtlichen Rundfunks）」とされ，ドイツ社会の分断状況の克服のために，公共放送の役割や番組による統合効果測定の研究も行われている(4)。

毎年出版されるオックスフォード大学ロイター・ジャーナリズム研究所の「デジタルニュース・レポート」(5)では，「立場性がないニュースの方を評価する」と答えた人が，ドイツでは80%，日本では78%となっているが，アメリカやスペインではその割合は60%に減る。つまり，ドイツや日本では，こうした国々に比べて，オーディエンス側も立場性のあるニュースを好まない傾向がある（**図1**）。

また，ドイツと日本は，ソーシャルメディアによってニュースを受け取る人が他国と比べ比較的少ない。両国では情報源として，依然として，ニュースの公平性を重んじるテレビの依存度が高いのである（**図2**）。

こうしたことからも，両国では，ソーシャルメディアを活用して自分の仲間だけから情報を仕入れるといった情報行動よりは，マスメディアであるテレビ局からニュースの情報を仕入れるという行為が一般的だと言える。そういうメディアのエコロジー全体の中で，テレビのニュース，とりわけ公共放送のテレビニュースへの信頼が両国では高い

(1) Benson Rodney / Matthew Powers / Timothy Neff: Public Media Autonomy and Accountability: Best and Worst Policy Practices in 12 Leading Democracies, In. *International Journal Of Communication 11*, 2017, pp. 1-22.

(2) Pickard Victor: The Strange Life and Death of the Fairness Doctrine: Tracing the Decline of Positive Freedoms in American Policy Discourse. In. *International Journal Of Communication* 12, 3434-3453. Retrieved from https://ijoc.org/index.php/ijoc/article/view/5787（2021年10月30日閲覧）

(3) Iyengar Shanto and Kyu S. Hahn: Red Media, Blue Media: Evidence of Ideological Selectivity in Media Use. In. *Journal of Communication* 59 (2009), pp. 19-39.

(4) Uwe Hasebrink / Hermann-Dieter Schröder / Dieter Storll: Gerlinde Schumacher: Mediennutzung und soziale Integration. Eine explorative Studie zur Bestimmung medialer Integrationsleistungen. In. *Media Perspektiven* 11/2019.

(5) https://www.digitalnewsreport.org/survey/2020/（2021年9月4日閲覧）

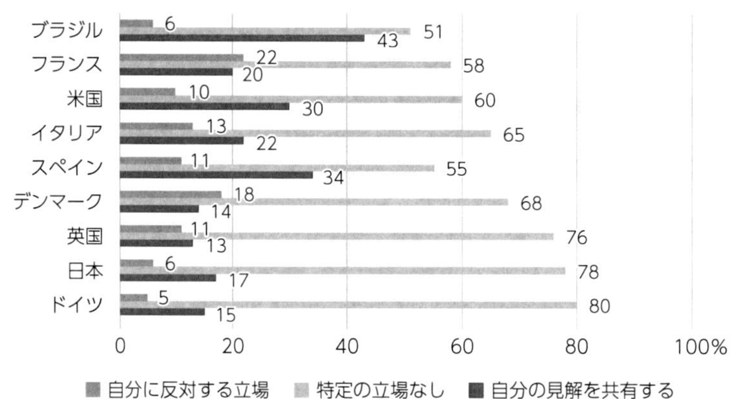

図1　ドイツも日本もニュースには「中立」を求める傾向が強い

出典：*Reuters Digital News Report*, 2020, p. 16.
筆者注：Q：「あなたが利用できる様々な種類のニュースについて考える際，あなたの立場を共有する／反対する／持たない情報源からニュースを得ることが好きですか？」全サンプル（「わからない」を除く）。アメリカ = 1760，イギリス = 1659，ドイツ = 1624，フランス = 1437，イタリア = 1762，スペイン = 1756，デンマーク = 1611，日本 = 1538，ブラジル = 1901。）

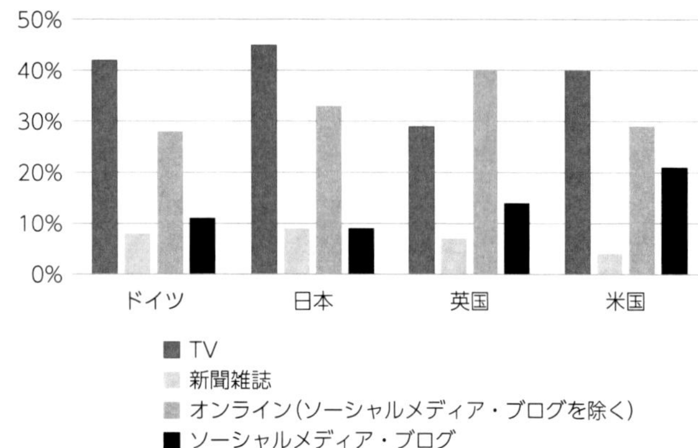

図2　ドイツと日本はテレビと新聞への依存度が高く，SNSが少ない

出典：*Reuters Digital News Report*, 2020 をもとに筆者が作成。

と言える。

2「メディアへの信頼」再考

ところで，メディアには信頼が重要だとしばしば言われるが，信頼は，必ずしもメディアにとっての価値原理ではない。

理由は，第一に信頼とは相手が抱く感情であり，他律的である。これはメディア組織にとっては存立理由にはなるかもしれないが，主体的価値にはなり得ない。また，信頼は他律的であるがゆえに，測定結果もさまざまで，それによって結果も異なっている。コンサルタント会社エデルマンが出している「2021 エデルマン・トラスト・バロメーター」報告書（2021 Edelman Trust Report）では，メディアへの信頼について，ドイツは調査対象国の中位くらいで前年より3ポイント上がっているが，日本のメディア信頼度は低迷している。しかし，日本の新聞通信調査会の調査では，NHKと新聞に対する信頼度について，100点のうち何点か尋ねると，平均で70点程度と，かなり高い得点が出る。「信頼度調査」というのは，調査によってもかなり違いがあることが分かる。

「信頼」そのものが価値になるかについても疑問である。同じくエデルマンの調査では，メディアへの信頼が高い国の中には，中国やシンガポールなどがある。しかし，これらの国はメディアへの規制があり，自由主義国から見れば理想のメディアの状態からは遠い。つまり，「信頼されているメディア」はメディアにとってはいいことでも，社会にとっては望ましいとは必ずしも言えないのである。万人に気に入られないメディアが，耳の痛い「不都合な真実」を報道することもあるし，反対にメディアがナショナリズムを扇動し，政府のいいなりになって人気を博すこともある。「信頼」はときに，メディアへの「人気投票」のようなものに読み換えられていることには注意しなければならない。

さらに，メディアと一概に言っても，その内実はさまざまである。さまざまな媒体があるし，ネットの普及によって，コンテンツの細分化と分散化も顕著である。そのときに「メディアの信頼」とは何を指すのであろうか。

2015年，ドイツにおいて「メディア不信」が拡がった。2015年当時，シリアの難民が大量に欧州に押し寄せ，欧州各国が危機的状態にあるとき，アンゲラ・メルケル首相が移民100万人受け入れの姿勢を示した。当時，Willkommenskulturというフレーズ，さらに2015年8月の首相のスピーチ「私たちはできる（Wir schaffen das）」が広く知れ渡った。

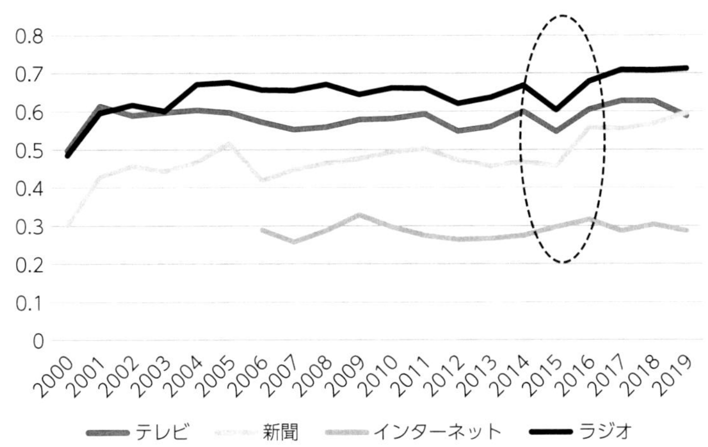

図 3　ドイツのメディアの信頼度：2015 年にドイツのメディア不信が広がった

出典：「ユーロバロメーター」をもとに筆者が作成。
https://europa.eu/eurobarometer/screen/home（2021 年 3 月 21 日閲覧）

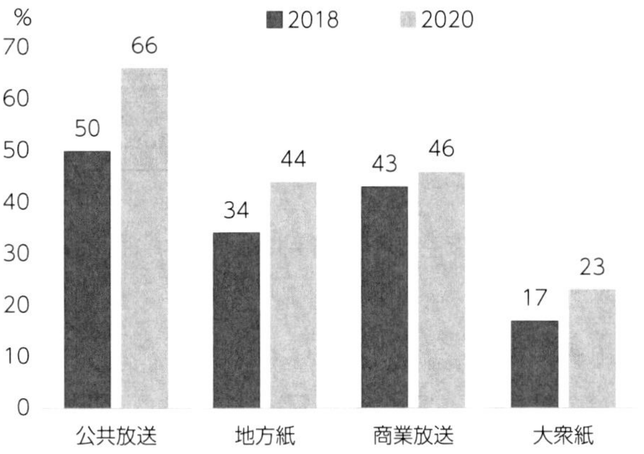

%	2018	2020
公共放送	50	66
地方紙	34	44
商業放送	43	46
大衆紙	17	23

図 4　毎日 1 回は使うメディア（ドイツ）

出典："Ergebnisse einer dreiwelligen Panelbefragung im Jahr 2020" In. *Media Perspektiven* 10-11/2020, S. 559. https://www.ard-werbung.de/fileadmin/user_upload/media-perspektiven/pdf/2020/1011-20_Viehmann_Ziegele_Quiring.pdf（2021 年 9 月 5 日閲覧）

ところが，2015 年大晦日，ケルンで女性への集団暴行事件があり，加害者は北アフリカからの移民たちが中心だったことが判明した。それにもかかわらず，ドイツの公共放送は当時の「シリア難民危機」の状況に鑑みて，容疑者らが移民であるというプロフィールについて詳しくは報じなかった。そのことが発覚して以降，そもそもシリア難民受け入れに懐疑的だった層が，メルケル政権のドイツの難民政策に対して異議を唱えるとともに，メディアが「メルケル政権寄り」ではないかという非難の声を上げた。こうした雰囲気の中，当時，政府の難民受け入れに反対をしていた保守派政治家らが，公共放送の姿勢を「沈黙のカルテル（Schweigekartell）」として呼んで世論を扇動した。また，東ドイツ地域を中心に反イスラム極右市民運動 PEGIDA が結成され，公共放送などリベラルメディアへの批判はさらに高まり，市民は「うそつきメディア！（Lügenpresse）」というフレーズを唱えてデモ行進をしたのだった[(6)]。ドイツの難民危機は，ドイツのもっとも影響力があり信頼されてきた公共放送に対する批判へと繋げられ，ドイツ各地で「メディア不信」の火が燃え広がっていった。それはメディアの信頼度調査にも顕著に表れた（**図 3**）。

図 3 にあるとおり，2015 年にメディアの信頼度はかなり落ち込み，多くの議論を呼んだものの，その後，公共放送を中心に，ドイツメディアは信頼を回復した。とくに，**図 4** に見られるとおり，新型コロナ感染拡大の局面において，公共放送の信頼は上がった。

このようにドイツのメディア，とりわけ公共放送が信頼を回復したのは，国民への理解を促すさまざまなキャンペーンや番組の工夫をした成果が表れたというよりは，メディアの信頼度そのものが，その時々の政治や社会の文脈を背景にきわめて相対的かつ感覚的に語られてきた指標であると考えたほうがよいだろう[(7)]。となれば，まずはドイツにおいて，メディアと政治の関係，および社会の関係がどのような規範的イメージのもとに置かれてきたのか，何が期待されてきたのかが重要になると思われる。以下では，その手がかりとして，政治とメディアの規範である「独立」，社会とメディアの規範である「多元性（複数性）」を順番に検討していく。

3 国家からの独立

前節で，日本とドイツの放送の似ているところを指摘したが，両国の間で決定的に異なるのは，メディアの独立に関する考え方であろう。ドイツでは，メディアが政府から独立していないと見て取れると，強い批判に晒される。2015 年のメディア不信も，元を正せば，公共放送がメルケル首相の難民政策を忖度したかのような報道が原因だった。

（6）当時のメディア言説の詳しい分析については，以下を参照。Margarete Jäger / Regina Wamper（Hrsg.）: *Von der Willkommenskultur zur Notstandsstimmung. Der Fluchtdiskurs in deutschen Medien 2015 und 2016*, Duisburger Institut für Sprach- und Sozialforschung, 2017. http://www.diss-duisburg.de/wp-content/uploads/2017/02/DISS-2017-Von-der-Willkommenskultur-zur-Notstandsstimmung.pdf（2021 年 10 月 30 日閲覧）

（7）Matthias Kohring: *Vertrauen in Medien. Vertrauen in Technologie*, Stuttgart: Akademie für Technikfolgenabschätzung in Baden-Württemberg, 2001.

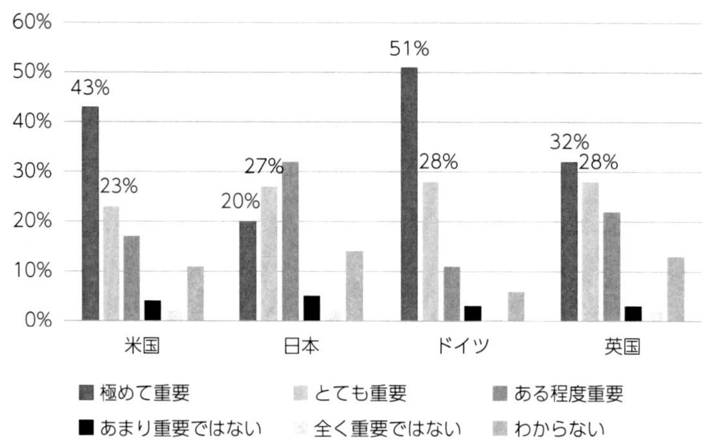

図5　社会がきちんと機能するために，独立したジャーナリズムはどれほど重要だと思いますか？

出典：*Reuters Digital News Report*, 2020 をもとに筆者が作成。

図5を見ると，ドイツは，メディアの独立が「極めて重要」だと答える人が過半数を超え，他国と比べて圧倒的に高い。その一方，日本の場合，他国と比べてメディアの独立に関しての意識は低く，意見が明確ではない。日本でメディアの独立が「極めて重要」だと答えた人たちは，回答者の20%で，「とても重要」だという答えと合わせても，過半数に届かない。また，回答でもっとも多いのは「ある程度重要」という選択肢で，米国，英国ドイツはいずれも「極めて重要」がトップであるのとは対照的だ。

この結果から推測できるのは，日本では，メディアが政府や企業などの権力から独立して，やるべきことやっているか，倫理的な報道をしているかといった，監視機能の問題意識がそもそも十分に育っていないということだろう。背景には，メディア教育，および政治教育の違いもあると考えられる。日本の学校教育では，メディアを読み解く，いわゆるメディア・リテラシー教育は正規のカリキュラムにはほとんど組み込まれていない。したがって，メディアのあるべき姿，規範論への認識が薄い。

これに対して，ドイツでは長らくメディア教育（Medienerziehung, Medienpädagogik）が，学校教育に積極的に取り入れられてきた。とくに70年代以降，テレビ視聴が国民の間で急速に定着し，マスコミュニケーションによるテレビの影響が社会問題となる中でMedienkompetenz[(8)]という言葉とともに，メディア教育は民主主義社会における政治教育とつなげられてきた。なお，Medienkompetenzという言葉は，日本語ではメディア・リテラシーという言葉に近いものの，日本語のニュアンスにある，メディアの機材を使いこなすという実践的スキルだけでなく，政治的市民としての教養という位置づけが強く打ち出されており，方法論や効果測定などに関する研究も蓄積されてきた[(9)]。ドイツの政治教育＝Politische Bildungでは，「政治教育はいかに民主主義を守るのかを第一に考える」[(10)]ことに力点が置かれていることから，政治教育ともつなげられて，メディア教育でもメディアが権力を監視し，市民の間に意見形成を促す民主主義への貢献という役割があることが重要な前提となっているのである。

これに対して日本では，「公民」や「社会」はあっても，メディアは民主主義社会において人々に十分な情報を与え，権力の監視機能を果たすべきだというようなメディア教育はほぼ不在だ。日本人は，そうした教育のないまま，選挙権をもつ大人になってしまう。つまり，日本ではメディア教育なきまま，社会においてなぜメディアが重要か，信頼されるべきかが，民主主義思想の文脈において理解されておらず，メディアの信頼度調査の意味も意義も，いま一つはっきりしない。こうして，メディアが独立しているべきかどうかを聞かれても，質問の趣旨・意図そのものを理解しないまま「にわか回答」をする者が多いと予測される。

なお，ドイツでは，「政治からの独立」というメディアの規範的立ち位置が，「中立性」，あるいは「均衡性」という価値も導き出す。教育学者の近藤孝弘は，ドイツの政治教育が「中立性」を守るのは，あくまでも多様な情報を提

(8) Dieter Baacke: *Kommunikation und Kompetenz. Grundlegung einer Didaktik der Kommunikation und Medien*, München: Juventa Verlag, 1973.

(9) e.g. Annette Schriefers / Sandra Bischoff: *Medienkompetenz. Eine Aufgabe nimmt Gestalt an*, München, Kopäd-Verlag, 2002; Heinz Bonfadelli (Hrsg.) : *Medienkompetenz und Medienleistungen in der Informationsgesellschaft*, Zürich: Verlag Pestalozzianum, 2004.

(10) 近藤孝弘「ドイツにおける若者の政治教育――民主主義社会の教育的基盤」『学術の動向』2009年，10–21頁。

供する環境を整備するための手段であるからだと述べている。つまり，政治教育における中立性の要求は，生徒一人ひとりが自らの政治的立場を構築できるようにするための手段なのだという。だから，メディアは多様で均衡のとれた（ausgewogen）情報を提供しなければならないというのがドイツの基本的な考え方だと言うのだ。市民各自が意見をもつためにメディアは中立でなければならない。近藤はこのようなドイツの政治教育について解説するとともに，ドイツと日本の政治教育の比較において，「日本では従来，この言葉（「政治的中立性」林注）のもとで，実際には政治的な中立性ではなく非政治性が求められてきた」として日本の政治教育の状況を批判している。メディアの状況も，まさにこれに重なる。日本の中立性は脱政治性であり，ドイツの中立性は，政治性のためにある。

4 社会の「多元性」の反映

さらに，こうした国民の意見形成を重視する政治文化から導出されるドイツのメディアの価値は，「多元性」である。戦後のドイツにおいて「メディア景観（Medienlandschaft）」を考える場合，いかに全体として社会の「多元性（Pluralität）」が反映されているかが重要な争点となってきた。

ちなみに，この「多元性」という言葉は，近年日本でも流行りの「多様性（Diversität）」と重なるところがあるが，言葉の歴史としては，完全に合致しない。ドイツにおける「多元性」という言葉は，全体主義に対する対立概念であり，さらには文化が平準化していく大衆社会・消費社会への明確な対抗概念として位置づけられてきた。日本ではとくに，「多元性」は，ハンナ・アーレントの言葉「複数性」として紹介されることが多い。この「複数性」は，アーレントにとって「公共的領域」に欠かせない価値原理であり，この領域は人間を人間として規定する思想の活動領域であり，第一義的には政治的活動の領域でもある。アーレントは，複数性は人間の条件であり，複数性こそ「あらゆる政治生活の絶対条件であり，その必要条件であるばかりか，そのものなのである」(11)と主張する。そして，政治の「活動（action）」が展開される公共的領域は「共通の世界が現れる無数の視点や側面が同時に存在し（中略），他者によって見られること，聞かれることの重要さは，すべての人が異なる立場から物事を見たり聞いたりするという事実があってこそ生まれる」(12)と述べている。アーレントはまた，『全体主義の起源』（1951年）において，ナチスによる全体主義が進行していく過程と，社会が大衆化，商業化，脱政治化する過程とが軌を一にしたことを論じたが，そこで犠牲になったのはまさしく「政治的なるもの」としての主体的な活動であり，討論であり，複数性を原則とする「パブリックな生活」であった。

ドイツ戦後の民主化は，アーレントの議論に代表されるような，いかに資本主義の進行と社会の大衆化の同時進行によって生まれる全体主義を食い止めるか，そして文化や思想，表現の領域に複数性を担保するかが課題だった。アーレントにとって，複数性の否定は，人間らしさの否定および思考停止状態の証であり，すなわち全体主義の始まりなのである。

戦後，ドイツの放送制度が再スタートする際，公共放送協会を設計する段階で，組織内部に社会の「複数性」をいかに反映させるかがもっとも焦点となった。とりわけ，ドイツの放送制度は80年代まで公共放送独占体制だったため，この強大な公共放送独占下で，公共放送協会内部における言論の複数性を確実に保障することは至上命題だった。その結果，きわめて緻密かつ複雑なモデルが案出されたのだった。

こうした背景から，ドイツでは，公共放送の「内部的多元性主義（Binnenpluralismus）」モデルが編み出された。ドイツの公共放送協会の内部に，この方針に沿って，会長の任免，予算・決算の承認，番組基準の遵守の監視など，全体としての放送を監督する任務をもつ最高意思決定機関として放送委員会（あるいは「テレビ委員会」）が置かれ(13)，多元性が担保されることになった。これは「内部的多元主義」モデルと呼ばれ，公共放送の内部に社会の様々な団体，例えば，カトリック教会，プロテスタント教会，ユダヤ教会，労働組合，政治政党，青年団体，婦人団体，性的少数者団体，障害者団体など—から代表が送り込まれて合議体が結成され，この合議体が公共放送番組全体を監督し，多元性実現を話合う。

ちなみに，日本の場合，類似の機能をもつ合議体として，NHKに放送番組審議会や経営委員会がある。しかし，ドイツのような多元性に配慮した社会的代表制度は取り入れられていない。日本の場合はむしろ，「有識者」と呼ばれる学者や地元の名士，企業のトップなどが名を連ねる。選出の理由も不明だ。経営委員長や会長の指名などもNHK上層部で決定され，国会で承認されることで正当性が付与される。このような不透明な運営は，「権威主義」

(11) Hannah, Arendt: *The Human Condition. With an Introduction by Margaret Canovan*. Second Edition, The University of Chicago Press, 1958. Reprint 1998, p. 7.
(12) Ibid. p. 57.
(13) 浜田純一『メディアの法理』日本評論社，1990年。

のイメージにもつながり，NHK不信の遠因になっているようにも思う。

ドイツでは「内部的多元主義」とともに，1980年代に商業放送制度が導入されて以来，「外部的多元主義」というモデルも構想された。「外部的多元主義」モデルとは，多メディア時代に突入し，多様なメディア事業者それぞれが自分たちの考えや意見を発表できるように「プレスの自由」の保障がもっとも優先的価値だと見なされる。その上で，なるべく多くの事業者が公共圏に参加し，ドイツ社会全体で言論・表現の多元性を実現すればよいという構想で，規制の多い公共放送とは一線を画す自由主義的な考え方に基づく。したがって，規制緩和支持者たち，いわゆる「ネオリベ」的なグループの支持を集めて来た。また，ヨーロッパ連合（EU）の権限強化によって，国ごとに編成され，受信料徴収など制度上の特権をもち，参入制限のつく規制業種として公共放送の存立意義についても疑問が付されることになった。メディア市場全体の自由化が推し進められ，ネットが普及する現在，公共放送をいかに「公共メディア」として刷新していくかはドイツのみならず，日本も含めて世界的な課題となっている。その際の「多元性」は，どちらかというと「多様性」という言葉に置き換えられ，規制緩和と自由主義のコンテクストで使われる。つまり，そこには多メディア時代，ネット時代には，自由な情報の流れを尊重し規制緩和をすれば多様性が実現するだろうという楽観的展望がある。

しかしながら，米国の状況に目を移せば，メディアの規制緩和はむしろ「多様性」の実現とは逆行していることもわかってきた。英国のメディア研究者で，公共放送制度擁護を主張してきたジェームズ・カランの調査によると，市場原理に支配され，商業放送が主流の米国メディアの場合，ニュース番組のニュースの80％が国内ニュースだった。これは，欧州大陸の公共放送のニュース番組における国内ニュースの割合より大幅に多い。この調査ではさらに，国ごとに市民の政治知識をテストしたところ，米国民の国際ニュースに関する知識の正答率は，公共放送のある欧州大陸や英国より圧倒的に低かったという[(14)]。

ドイツの公共放送制度の「内部的多元主義」に関しては，2014年に下された第14次放送判決も象徴的な出来事であった。この裁判では，ドイツ公共放送第二（ZDF）の内部監督機関（ZDFでは「テレビ委員会」と「経営委員会」がある）の委員構成が問題とされた。この内部監督機関は，会長や報道局長を任命する権限がある。この委員構成について，社会民主党（SPD）が与党であるラインラント・プファルツ州とハンブルク市政府が，ZDFの報道局長人事がキリスト教民主同盟（CDU）の党政治の影響力から独立しておらず，その原因が，内部監督機関の委員構成にあると主張。「ZDF州際協定の諸規定が，放送の自由（基本法5条1項2文）から生じる放送事業がその機能に適うよう，国家から遠ざけられていることについての要請に抵触する」と主張した[(15)]。つまり，ZDFの内部にある監督機関は，政治権力から独立していない状態にあるとの主張がなされ，国家支配の影響力から「予防的に排除されるべき」[(16)]として，監督機関の委員構成を問題にしたのだった。その結果，訴えを受けて裁判所はそれを認め，修正を要請したのだった。政党によって放送事業が間接的に支配される状態は，ドイツでは実態的にはすでに1960年代後半以降，つとに指摘され批判されてきた。その点は21世紀の日も続いており，今回，そのさらなる是正が憲法裁判所から言い渡されたという形になる。

5 議論――ドイツから見る日本のメディアのあり方への示唆

紆余曲折を経ながらも，ドイツでは戦後，メディアは1）政府からの独立　2）社会の多元性の反映，という2つの価値を目指すべきであるという規範論が確立している。ドイツ社会では，この2つの価値をめぐり，さまざまな論争が繰り広げられてきたことになる。

翻って日本にも，メディアの公平性や独立性を示す「放送法」や「新聞倫理綱領」があるにはある。そして，メディアの規範論が問題にもなってきたが，今一つ盛り上がりに欠けると言わざるを得ない。その背景には，こうしたメディアの独立や多元性がなぜ重要かということが，市民の中でも，そしてメディアに従事する当事者たちの間でさえも，十分な理解が浸透していないことも一因だろう。そのことは，たとえば，NHK会長に就任した籾井勝人氏が，2018年1月の会長就任記者会見で国際放送について「政府が右というものを左というわけにはいかない」と，自らが率いるはずの公共放送についての完全なる無知を露呈した事件。あるいは，2020年4月に産経新聞の検察担当記者2人と朝日新聞社員（元検察担当記者）の計3人が黒川弘務・東京高検検事長（当時）と「賭けマージャン」を繰

（14）James Curran: Media Diversity and Democracy, In. *The Price of Plurality: Choice, Diversity and Broadcasting Institutions in the Digital Age.* Edited by Tim Gardam and David A. L. Levy. Reuters Institute for the Study of Journalism, 2008, pp. 103-109.

（15）鈴木秀美「公共放送の内部監督機関の委員構成と放送の自由」慶應義塾大学メディア・コミュニケーション研究所紀要『メディア・コミュニケーション』No.65, 2015年，112頁。

（16）鈴木，同上論文。

り返していたことが明らかになった事件。こうした政府とジャーナリズムとの緊張感のなさや癒着を象徴する事件が起こっても，社会全体でジャーナリズムのあるべき姿をめぐる議論へとはつながらなかったことに象徴される。

また，日本では，ドイツのように，放送のあり方に関して憲法裁判所に訴え，現状の放送制度に異議申立てをする手段もない。市民が主体的にメディアの現状を考え，異議申し立てをしようにも，肝心の声が反映される回路がないのである。また，有名キャスターが交代し，そこに政権の介入疑惑があったとしても，研究者にも市民にも業界のうわさベースにとどまり，調査を依頼することもできない。市民の声がメディアのあり方に反映されるルートは限りなくゼロに近く，全体的にメディアの制度は閉鎖的で非民主的なままだ。

加えて，日本のメディア組織そのものも圧倒的に多元性が欠如している。メディア各社は，女性の管理職が非常に少ない(17)。組織人事は年功序列で，長年勤めあげたシニアの男性に最も有利な職場である(18)。日本マスコミ文化情報労組会議（MIC）女性連絡会によるハラスメントに関するアンケート調査結果を見ると，目撃したり経験したりしたハラスメントの加害者の半数は50代以上で，会社の上司や先輩から受けたという回答がもっとも多かった。圧倒的多数の日本人男性が支配する均質な組織の中で，ものごとの決め方も閉鎖的で，風通しのよい職業文化を確保できていないという声が各所から上がっており，なかには仕事中の性暴力の訴えさえある(19)。

2017年に伊藤詩織さんが，テレビ局の要職にある男性から性暴力を受けたことを告発したものの，日本の主要メディアはほとんど沈黙し，取り上げなかった。新聞データベースで2017年5月1日から19年の6月17日の期間「伊藤詩織」をキーワードに検索しても，読売新聞2本，産経新聞2本，日経新聞2本，朝日新聞45本，毎日新聞26本と計77本しかヒットしなかった。しかし，この事件は，BBCやニューヨークタイムズが大きく取り上げ，世界的な「#MeToo運動」と合流していった。

結局，日本では，政府とメディアの距離について，そしてメディアの制度と民主主義の関係について，家庭や学校や職場で議論する空気もない。社会全体が，メディアの役割への期待も薄く，人々も無関心なことが，日本のメディアのもっとも不幸なところであろう(20)。日本のメディアの報道は，細かい数字もファクトも大概に正確で，何かあればそれなりに政府に肉迫もする。いろいろな意味で「正しい」。しかし，何のために「正しく」あるべきか，メディアは社会との関係をいかに結ぶべきかといった根本的課題に触れないまま今日に至っている。

理念のないところには関心も生まれず，関心がなければ理念も語られない。これが，ドイツのメディア事情と比較した上で立ち現れてくる日本社会とメディアの状況であるというのが私の実感である。

---

(17)「民放テレビ局127社中91社で女性役員ゼロ，在京·在阪民放テレビ局で制作部門のトップに女性ゼロ」民放労連女性協議会『全国·在京・在阪 民放テレビ局の女性割合調査 結果報告』より。2021年5月24日。
(18) 林香里・谷岡理香（編著）『テレビ報道職のワークライフ・アンバランス―― 13局男女30人の聞き取り調査から』大月書店，2013年。
(19) WiMN（メディアで働く女性ネットワーク）編『マスコミ・セクハラ白書』文藝春秋，2020年。
(20) 林香里『メディア不信――何が問われているのか』岩波新書，2017年。

ナチ語彙 Lügenpresse という神話
——言語史と現代史の視点から

高田博行

1 Lügenpresse へのスポットライト

1.1 月曜日のメディア批判

ドイツ語圏で新聞が定期的に刊行され始めるのは，17世紀初頭である(1)。同じ世紀にすでに，「新聞は嘘をつく」という言説は一般化した。作家で辞書の編纂もしたKaspar Stielerが『新聞の楽しみと効用』（1695年）のなかで新聞の有用性を説いたのは，新聞は「不確かで嘘に満ちて」(2)おり，「今の世ではいくら嘘をついても罪とはみなされないと考えて，（・・・）新聞の作り手は愚にもつかぬことを書き，ありもしない出来事を創作する」(3)という批判をよく心得てのことであった。メディアを嘘つき呼ばわりするのには，長い伝統があるわけである。ただ，現在のドイツにおけるメディアに対する嘘つき呼ばわりは，ナチズムという過去をどう再検討するのかという観点できわめて重大な問題を孕んだ次元にある。

さて2014年2月，ウクライナの首都キエフでデモ隊と治安部隊が衝突した。これが「ウクライナ危機」へ発展し，続いて3月にクリミアがロシアに併合された。メディアが一連の出来事に関してロシアを批判的に報道しすぎているとの不満が生まれ，これを皮切りにして難民・移民政策等をめぐってもメディア不信が表明された。そのようななか，東ドイツ末期の月曜デモを想起させる名称のデモ運動が3月にベルリンで始まった。Montagsmahnwachen für den Frieden「月曜平和巡回」である。この運動を創始したLars Mährholzは，ウクライナ紛争の責任はアメリカ政府と（その外交政策の背後にいるとする）連邦準備銀行（FRB）にあるのに，そのことがメディア報道では隠蔽されているという陰謀論を主張した。4月になると，右翼的煽動と陰謀論を拡散するFacebookサイトAnonymous. Kollektivでデモ参加者たちに呼びかけが行われ，「メディアのマフィア（Medien-Mafia）」が運営するFacebookサイトを訪れて批判的コメントを大量に書き込むことでメディアにゲリラ攻撃を行うよう扇ぎ立てられた(4)。

この半年後となる10月20日の月曜日夜に，今度はドレスデンで政治活動家Lutz Bachmannが率いる反イスラムのデモ組織Pegida「西洋のイスラム化に反対する愛国的ヨーロッパ人たち」がAbendspaziergang「夕べのそぞろ歩き」を始めた。Montagsmahnwachen für den Friedenで「メディアのマフィア」という名称で言い表されたメディア不信がここではLügenpresse「嘘つきメディア」という語に結晶し(5)，そぞろ歩きデモではLügenpresse –Halt die

(1) Zeitungという語は15世紀末から「（ある特定の時に起こった）出来事に関する知らせ」の意味で用いられ，そのあと（ビラのような単体ではなく）「定期的に最新の知らせをまとめたもの」，すなわち「新聞」を意味するようになった。最初の週刊新聞は，Wolfenbüttelの*Aviso*（1609年）とStraßburgの*Relation*（1609年）である。Vgl. Hermann Paul, *Deutsches Wörterbuch*, 10., überarbeitete und erweiterte Auflage von Helmut Henne, Heidrun Kämper und Georg Objartel, Tübingen: Niemeyer, 2002, S. 1197-1198.

(2) Kaspar Stieler, *Zeitungs Lust und Nutz. Vollständiger Neudruck der Originalausgabe von 1695*. Hrsg. von Gert Hagelweide, Bremen: Schünemann, 1969, S. 56.

(3) Stieler, *Zeitungs Lust und Nutz*, S. 57.

(4) Vgl. Rolf van Raden, „Pegida-Feindbild »Lügenpresse«. Über ein massenwirksames verschwörungstheoretisches Konstrukt“, in: Helmut Kellershohn/ Wolfgang Kastrup (Hrsg.), *Kulturkampf von rechts. AfD, Pegida und die Neuer Rechte*, Münster: UNRAST, 2016, S. 165; Priska Daphi/ Dieter Rucht/ Wolfgang Stuppert/ Simon Teune/ Peter Ullrich, *Occupy Frieden. Eine Befragung der Teilnehmer/innen der „Mahnwachen für den Frieden“*, Berlin, 2014,　https://depositonce.tu-berlin.de/bitstream/11303/5260/3/occupy-frieden.pdf (abgerufen am 30.09.2021), S. 5-6.

(5) 2010年代に入ると極右勢力は，主流メディアが自分たちの言論の自由をポリティカル・コレクトネス違反として封殺しているという論理で，メディア不信を打ちだしていった。高橋秀寿「ドイツ極右主義——時間／空間の構造的変動と多文化社会」『立命館大学言語文化研究』第28巻第4号（2017），206–209頁参照。

Fresse「嘘つきメディア，口を開くな」というスローガンが盛んに連呼された。初めは350人であった参加者数が，12週間後の2015年1月12日には25000人にまで膨れ上がった。

1.2 「その年の粗悪語」

この25000人デモの翌日となる1月13日に，「その年の粗悪語（Unwort des Jahres）」選考委員会が記者会見をし，Lügenpresse を2014年の「粗悪語」に選出したことを発表した。選考委員会は，5人の常任委員（うち4人が言語学者）と1人の客員委員からなる。「その年の粗悪語」は1991年に創設されたもので，人権と民主主義の原則に違反し特定の社会的集団を差別するような語や表現に目を向けて，「公的な言語使用に対する注意を喚起し，ひとびとの言語意識と言語感性を促進する」(6)ことを目的としている。選出される語は「時局性」(7)をもつものであり，現在までの「粗悪語」には，民族差別，外国人排斥，そして近年では右翼ポピュリズムに関わる語が多い。例えば1993年には Überfremdung「過度な異質化（外国化）」が，2016年には Volksverräter「国民の裏切り者」が選出された。Pegida がデモを開始して3ヶ月も経たない時点で素早くも，選考委員会は Lügenpresse を前年の粗悪語に選出した。選考委員会のプレス発表には，選出理由が次のように書かれている。

> Lügenpresse という語は，第一次世界大戦時にすでにひとつの中心的な闘争概念であった。また，国民社会主義者は独立したメディアをひとまとめにして中傷する目的でこの語を利用した。この表現がこのような言語史を背負っていることを，〈憂う市民〉として去年からこれを連呼してこれの書かれた横断幕とともにデモ行進している人たちのほとんどは意識していないであろう。この現実を踏まえると，Lügenpresse という表現はこれを意図的に投入する人物たちのひときわ不実な手だてとなっていることがわかる(8)。

つまり，選考委員会がこの語を「粗悪語」に選出したのは，1993年と2016年の「粗悪語」である Überfremdung と Volksverräter と同様に(9)，「ナチ語彙」（ナチイデオロギーを強く担い，ナチスドイツ時代に多用された語彙）という負の遺産が大規模に再利用されているように見えることへの憂慮からである。

2 Lügenpresse の言語使用史

2.1 使用頻度の経年変化

そもそも Lügenpresse という語を「ナチ語彙」として認定してよいかについて，まず言語史的に確認しておきたい。この語の出現頻度が1800年～2013年にどのように推移したのかを Google Books Ngram Viewer(10)によって示したのが，**図1**である。

Google Books で Lügenpresse という語を検索し，どの文献に用例が見いだせるのかを調べると，*Allgemeine Militär-Zeitung* の1840年4月29日号の記事に最初の使用が確認できる。ベルギーで審議された決闘にかかわる法律を扱ったこの記事では，「嘘つきメディア」が無責任なスキャンダルを書いてしまったために公職を追われるような事態が発生していることが書かれている。Lügenpresse が使用頻度の点で1850年頃に最初のピークを迎えたとき（図1参照），この語は，政治イデオロギー化して主にカトリッ

---

(6) Vgl. „Unwort des Jahres, Kriterien und Auswahlverfahren“, https://www.unwortdesjahres.net/unwort/kriterien-und-auswahlverfahren/（abgerufen am 30.09.2021）.

(7) Vgl. „Unwort des Jahres, Kriterien und Auswahlverfahren“.

(8) „Pressemitteilung: Wahl des 24. »Unwort des Jahres«“ https://www.unwortdesjahres.net/wp-content/uploads/2021/06/pressemitteilung_unwort2014.pdf（abgerufen am 30.09.2021）.

(9) Überfremdung は「1933年以降いたるところで見られる標語となった。つまり，過度の外国化，失業，カオスは，それまでの旧体制に常在した特徴とみなされた。」（Matthias Heine, *Verbrannte Wörter. Wo wir noch reden wie die Nazis – und wo nicht*, Berlin: Dudenverlag, 2019, S. 190）.「Volksverräter は，とりわけ国民社会主義者たちの独裁制に典型的な遺産である」（„Pressemitteilung: Wahl des 26. »Unwort des Jahres«“, https://www.unwortdesjahres.net/wp-content/uploads/2021/06/pressemitteilung_unwort2016.pdf［abgerufen am 30.09.2021］）.

(10) Google 社は2004年に図書館蔵書を電子化するプロジェクトを公表し，ハーバード大学，スタンフォード大学，ミシガン大学，オックスフォード大学，ニューヨーク公共図書館と協力して，1000万冊を超える蔵書をスキャン方式で電子化することを計画した。これが，現在の Google Books の発端である（時実象一「世界のデジタルアーカイブの動向」『デジタルアーカイブ学会誌』，第1号（2017），42頁参照。）スキャンされた画像から OCR（光学文字認識）ソフトウェアを用いて機械可読のテキストデータが抽出されているので，調べたい語を検索すると，その語が含まれている箇所に行き着くことができる。ただし，著作権等の問題のためにテキストデータのすべてが公開できるわけではないので，テキストデータを公開するのに代えて，テキストにおける任意の語（語列）の出現頻度の経年変化を図示するシステムが開発された。それが Google Books Ngram Viewer である。（田野村忠温「書評『カルチャロミクス 文化をビッグデータで計測する』草思社，2016」『社会言語科学』第20号第1号，2017年，193頁参照。）

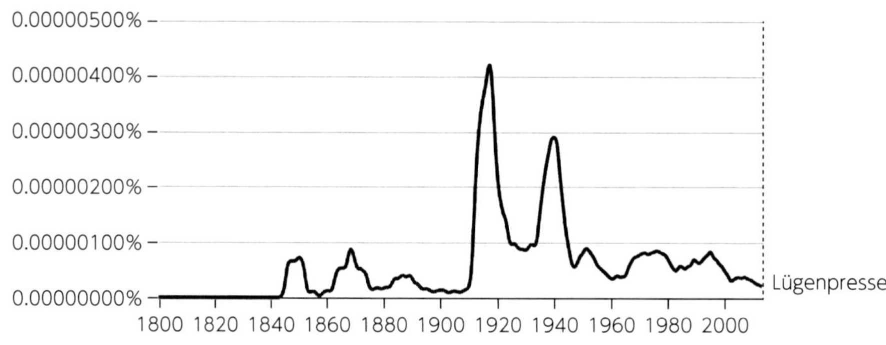

図1　Lügenpresse の出現頻度の経年変化（1800～2013年）(11)

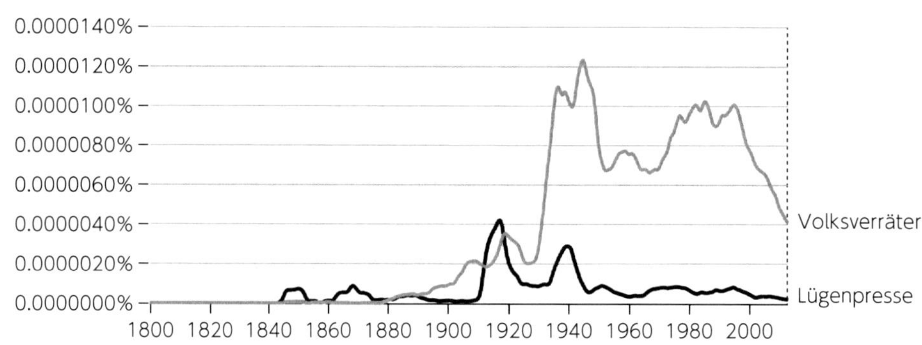

図2　Lügenpresse と Volksverräter の出現頻度の経年変化（1800～2013年）

ク的・保守的な新聞が革新的で自由民主的な新聞を批判するために用いた(12)。ヒットする雑誌名･書名に katholisch, Katholik, Kirche, bayerisch, Österreichisch, Wiener, Südtiroler のような語が入ったものが多い(13)。次のピークとなる1870年頃には，Lügenpresse は普仏戦争のなかフランスの新聞に対するナショナルな批判として用いられた。そして最大のピークをなす1916～18年頃には，世界大戦で敵国の新聞を批判する概念として用いられた(14)。

このあとナチスドイツ時代に Lügenpresse の使用頻度が2番目に大きなピークをなすことを，図1は示している。しかし，同じく「ナチ語彙」とされる Volksverräter の出現頻度と比較すると，Lügenpresse の使用頻度はナチスドイツ時代以降は相対的にかなり低いことがわかる（**図2**参照）。

さらに Überfremdung を比較対象に入れると，Volksverräter の出現頻度も霞んで見える（**図3**参照）。

したがって，Lügenpresse という語を使用頻度の面から「ナチ語彙」と認めることに大きな疑念が生じる。また，**図4**のように，Journaille「ごろつきジャーナリズム」(Journalismus「ジャーナリズム」と Kanaille「ごろつき」とを合体させた語）という語のほうが，1920年以降はナチスドイツ時代を含めて Lügenpresse より頻繁に用いられている。この語は，Karl Kraus が1902年に自らの編集する雑誌 *Die Fackel* のなかで，真実でないこと，スキャンダラスなことを書く扇情的な大衆新聞・大衆雑誌を批判した際に提示したものである。

2.2　ナチズムにおける使用頻度

2.1で用いた Google Books Ngram Viewer の場合，どの文献が頻度計算の元のデータになっているのかを知ること

(11) 図1においては1917年に最も高いピークがある。その頻度は縦軸にあるように約0.0000043%，すなわち0.000000043である。これは，100万語当たりで言うと0.043回出現することを意味する。

(12) Vgl. Raden, „Pegida-Feindbild »Lügenpresse«“, S. 163-164.

(13) *Historisch-politische Blätter für das katholische Deutschland* (1848, 1849); *Der Katholik. Zeitschrift für katholische Wissenschaft und kirchliches Leben* (1850); *Der Österreichische Zuschauer* (1851); *Katholische Literatur-Zeitung* (1858); *Neue Münchener Zeitung; Tiroler Stimmen* (1861); *Sion. Eine Stimme in der Kirche für unsere Zeit* (1861); *Wiener Kirchenzeitung* (1862); *Südtiroler Volksblatt* (1862) 等。

(14) Vgl. Raden, „Pegida-Feindbild »Lügenpresse«“, S. 164.

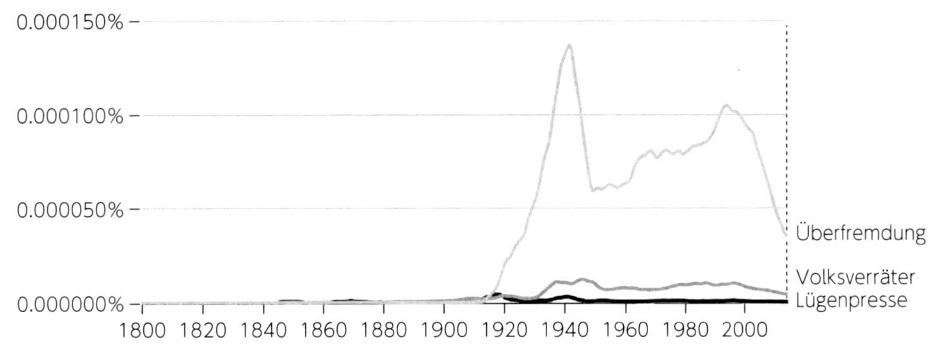

図 3　Lügenpresse と Volksverräter と Überfremdung の出現頻度の経年変化（1800 ～ 2013 年）

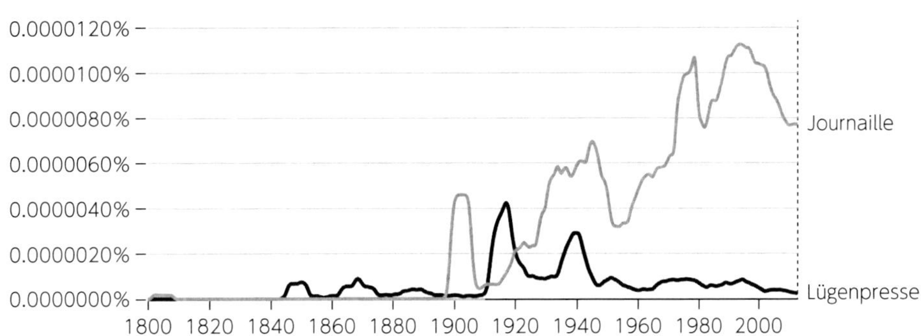

図 4　Lügenpresse と Journaille の出現頻度の経年変化（1800 ～ 2013 年）

ができず，いわば匿名の文献の集合における言語使用が可視化されている(15)。したがって，この Google Books Ngram Viewer による数量的結果だけをもって，Lügenpresse という語が「ナチ語彙」とはみなせないと主張するのは早計である。そこで必要となるのは，匿名ではない具体的な人物の演説，具体的な著作物，具体的なタイトルの新聞や雑誌における使用頻度を調査することである。

まず，大規模データベースである *Nationalsozialismus, Holocaust, Widerstand und Exil 1933-1945*(16) を利用してみる。ここには約 4 万件の一次文献（約 45 万ページ）が収められていて，そのなかには Hitler の演説(17) と Goebbels の全日記(18) も含まれる。このデータベースで Lügenpresse を検索すると，Hitler の演説には用例がない。Lügenpresse は 7 例のみがヒットし，このうち 2 例は Goebbels の日記に書かれたもので次の通りである。

Überfüllt. Feder redet. Der alte Einfaltspinsel. Danach komme ich dran. Ich exerziere eine Stunde mit dem Golem Hindenburg und halte Abrechnung mit der **Lügenpresse**. Alles ist begeistert.(19)（Goebbels，1930 年 1 月 18 日付け日記）

Aber Churchill macht dabei ein paar schwere psychologische Fehler, an die wir uns anhaken. Unsere Position ist damit gerettet. Die feindliche **Lügenpresse** kennt gar kein Maß mehr.（Goebbels，1939 年 12 月 20 日付け日記）

残り 5 例は，ナチ体制に批判的な（検閲回避のために）偽装された出版物（Tarnschrift）に 4 例（1935 年～ 37 年），ノルウェー公安警察・秘密情報機関世情報告書（*Meldungen aus Norwegen*，1942 年 4 月 26 日）に 1 例である。

次に，筆者自らがデータを集積した，Goebbels の演説，

(15) 田野村「カルチャロミクス」，196 頁参照。
(16) *Nationalsozialismus, Holocaust, Widerstand und Exil 1933-1945*, München: Saur, 2006.
(17) 次の 2 つの文献である。Institut für Zeitgeschichte（Hrsg.）, *Hitler. Reden, Schriften, Anordnungen. Februar 1925 bis Januar 1933*, 6 Teile in 13 Bänden, München [u.a.]: Saur, 1991-2000; Max Domarus（Hrsg.）: *Hitler. Reden und Proklamationen 1932-1945*. 4. Auflage, 4 Bände, Leonberg: Pamminger und Partner, 1988.
(18) Elke Fröhlich（Hrsg.）, *Die Tagebücher von Joseph Goebbels. Teil I: Aufzeichnungen 1923-1941*. 9 Bände in 14 Teilen. München: Saur, 1997-2005. *Teil II: Diktate 1941-1945*. 15 Bände. München: Saur, 1993-1996.
(19) 以下，引用文中の Lügenpresse という語は，判別しやすいようにゴシック体にしておく。

表1 Goebbels, Hitler, Rosenbergにおける-presseとJournailleの出現頻度

	総語数	Lügenpresse	Auslandspresse	Weltpresse	Judenpresse	Systempresse	Asphaltpresse	Journaille
Goebebls	160万語	7	56	30	27	5	4	57
Hitler	150万語	1	1	4	7	0	0	4
Rosenberg	70万語	1	3	30	9	4	0	9

日記，著作（約160万語）[20]，Hitlerの『わが闘争』と演説（約150万語）[21]，Rosenbergの演説と著作（約70万語）[22]におけるLügenpresseの使用頻度を調査してみる。**表1**は，（敵対的な）メディアを言い表す名称として-presseで終わる名詞，そして上述のJournailleの頻度を調べたものである。

この表のとおり，LügenpresseはGoebbelsに7回（100万語当たり4.38回）用例が確認できる。そのうち1例は，データベース *Nationalsozialismus, Holocaust, Widerstand und Exil 1933-1945* でヒットした2件のうちの片方の1930年1月18日付け日記であるので，以下には6例のみを書く[23]。

> Ungehemmter denn je führt die rote **Lügenpresse** ihren Verleumdungsfeldzug durch, und im Süden und Westen entfesselt das Zentrum und die ihr geistesverwandte Bayerische Volkspartei die Gefahr einer separatistischen Absplitterung vom Reich.[24]（Goebbels，1932年7月9日演説）

> In Millionen und Abermillionen Exemplaren lassen sie ihre **Lügenpresse** durch die Rotationsmaschinen jagen und überschwemmen die Welt mit einer Schmutzflut von Verleumdung und übelster, verlogenster Heuchelei.[25]（Goebbels，1938年7月28日演説）

> Wer in diesen Tagen und Wochen die ausländische Hetz- und **Lügenpresse** durchblättert, könnte leicht auf den Gedanken kommen, daß Europa am Rande eines neuen Weltkrieges steht.[26]（Goebbels，1939年2月25日演説）

> Zwar stottern die gewerbsmäßigen Volksverhetzer in der internationalen deutschfeindlichen **Lügenpresse** noch ein paar pathetische Deklamationen und freche Beleidigungen Deutschlands zusammen, aber die sind von keinerlei politischem Belang.[27]（Goebbels，1939年3月18日演説）

> Das deutsche Volk selbst ist gegen die internationale Hetze und Kriegshysterie, die durch die **Lügenpresse** in

(20) Joseph Goebbels, *Der Nazi-Sozi. Fragen und Antworten für den Nationalsozialisten*, Elberfeld: Verlag der Nationalsozialistischen Briefe, 1930; *Kampf um Berlin. Der Anfang*, München: Eher, 1934; *Wesen und Gestalt des Nationalsozialismus*, Berlin: Junker und Dünnhaupt, 1934; *Signale der neuen Zeit*, München: Eher, 1940; *Die Zeit ohne Beispiel. Reden und Aufsätze aus den Jahren 1939/40/41*. München: Eher, 1941. *Dreißig Kriegsartikel für das deutsche Volk*, München/ Berlin: Eher, 1943; *Der steile Aufstieg*, München: Eher, 1944; Ralf Georg Reuth（Hrsg.）, *Joseph Goebbels. Tagebücher 1924-1945*, 5 Bände, München/ Zürich: Piper, 2003; Helmut Heiber（Hrsg.）, *Goebbels-Reden*. Band 1: 1932-1939, Band 2: 1939-1945, Düsseldorf: Droste, 1971-1972.

(21) Adolf Hitler, *Mein Kampf*, 2 Bände in einem Band, München: Eher, 1936. 演説については，次の3つの文献から抽出した1920年8月7日から1945年1月30日までの558回の「ヒトラー演説150万語データ」（高田博行『ヒトラー演説――熱狂の真実』，中央公論新社，2014年，61-64頁参照）：Eberhard Jäckel（Hrsg.）, *Hitler. Sämtliche Aufzeichnungen 1905-1924*, Stuttgart: Deutsche Verlags-Anstalt, 1980; Institut für Zeitgeschichte（Hrsg.）, *Hitler. Reden, Schriften, Anordnungen*; Domarus（Hrsg.）: *Hitler. Reden und Proklamationen 1932-1945*.

(22) Alfred Rosenberg, *Wesen, Grundsätze und Ziele der Nationalsozialistischen Deutschen Arbeiterpartei. Das Programm der Bewegung*, München: Boepple, 1923; *Die Protokolle der Weisen von Zion und die jüdische Weltpolitik*, München: Boepple, 1924; *An die Dunkelmänner unserer Zeit*, München: Hoheneichen, 1935; *Protestantische Rompilger. Der Verrat an Luther und der „Mythus des 20. Jahrhunderts"*, München: Hoheneichen, 1937; *Kampf um die Macht. Aufsätze 1921-1932*, München: Eher, 1938; *Verteidigung des deutschen Kulturgedankens. Reden auf dem Reichsparteitag 1938*, München: Eher, 1939; *Gestaltung der Idee. Blut und Ehre. 2. Band, Reden und Aufsätze 1933-1935*, München: Eher, 1939; *Novemberköpfe*, München: Eher, 1939; *Tradition und Gegenwart. Blut und Ehre, 4. Band. Reden und Aufsätze von 1936-1940*, München: Eher, 1941.

(23) ヒットしたもうひとつの用例（1939年12月20日付け日記）がここで出てこなかったのは，筆者がデータとしたGoebbelsの日記（Reuth [Hrsg.], *Joseph Goebbels. Tagebücher 1924-1945*）がデータベースの日記とは異なり完全版ではなく，この日の日記が採録されていなかったためである。したがって，GoebbelsにはLügenpresseの使用例が合計で8件確認できることになる。

(24) Goebbels, *Signale der neuen Zeit*, S. 86.

(25) Heiber（Hrsg.）, *Goebbels-Reden*, Band 1, S. 305.

(26) Goebbels, *Die Zeit ohne Beispiel*, S. 39.

(27) Goebbels, *Die Zeit ohne Beispiel*, S. 73.

表 2　Goebbels，Hitler，Rosenberg における völkisch，Lebensraum 等の出現頻度

	総語数	völkisch	Lebensraum	Neuordnung	Überfremdung	Lügenpresse	Volksverräter
Goebebls	160 万語	108	25	34	2	7	0
Hitler	150 万語	165	124	17	1	1	2
Rosenberg	70 万語	554	23	18	8	1	3

London, Paris und New York systematisch betrieben und entfacht wird, gänzlich immun. Es ruht sicher und fest in seiner eigenen Kraft.(28)（Goebbels，1939 年 5 月 1 日演説）

Die ganze Welt schaut nun voll Spannung auf diese nächtliche Volkskundgebung, die ihr auf diesem weiten Platz veranstaltet. Es gibt in Paris und in London eine kriegshetzerische **Lügenpresse**, die behauptet, ihr wolltet gar nicht heim zum Reich.(29)（Goebbels, 1939 年 6 月 17 日演説）

Goebbels の場合，表 1 のように，敵対的なメディアは Auslandspresse「外国メディア」，Journaille「ごろつきジャーナリズム」，Weltpresse「世界メディア」，Judenpresse「ユダヤ人メディア」で言い表されることのほうが多い。

Hitler には，表 1 にあるとおり，Auslandspresse と Weltpresse と Judenpresse のほうが多く，Lügenpresse は 1 例のみ（100 万語当たり 0.66 回）確認できる。

Eine der größten Weltmächte ist heute zweifellos die Lüge. Sie richtet sich auch gegen uns. Ob wir tausendmal gegen die Regierungsart Wilhelms II. aufgetreten sind, für die Marxisten gelten wir dank ihrer **Lügenpresse** als reaktionäre Monarchisten.(30)（Hitler, 1922 年 2 月 17 日演説）

Rosenberg の演説と著作では，敵対的なメディアを指すときに Weltpresse が一番多く用いられていて，Lügenpresse は次の 1 回（100 万語当たり 1.43 回）のみ使用されている(31)。

Das Volk wird seine großen Künstler, Feldherrn [sic!] und Staatsmänner nicht mehr als ein ihm Entgegengesetztes empfinden – als welches uns [sic!] eine **Lügenpresse** sie uns weismachen möchte –, sondern, umgekehrt, als den höchsten Ausdruck seines oft dunklen, noch unbestimmten Wollens.(32)（Rosenberg，1923 年）

さきに説明した（別の年の「粗悪語」である）Überfremdung と Volksverräter およびナチ語彙の代表格と言える völkisch「民族主義的な」，Lebensraum「生存圏」，Neuordnung「新秩序」という語の使用頻度と比較すると，**表 2** にあるように Goebbels，Hitler，Rosenberg における Lügenpresse の頻度は Überfremdung と Volksverräter に近く，völkisch，Lebensraum，Neuordnung の使用頻度とは比較にならないことは明らかである。

(28) Goebbels, *Die Zeit ohne Beispiel*, S. 117.

(29) Goebbels, *Die Zeit ohne Beispiel*, S. 179.

(30) Jäckel（Hrsg.）, *Hitler. Sämtliche Aufzeichnungen 1905-1924*, S. 576. データベースでこの用例がヒットしなかったのは，データベースにこの文献が収録されていなかったためである。

(31) Rosenberg はさらに別に，1921 年に *Völkischer Beobachter* で „organisierte **Lügenpresse** der Regierungsparteien“という表現を行ったという指摘がある（Wikipedia, „Lügenpresse“, https://de.wikipedia.org/wiki/Lügenpresse［abgerufen am 30.09.2021］）。そこに典拠として挙げられた文献（Niels H. M. Albrecht, *Die Macht einer Verleumdungskampagne*, Diss. Universität Bremen, 2002, S. 270-271）を見ると，次の記事（正しくは 1922 年（！）6 月 28 日の記事）が *Völkischer Beobachter* の「主筆（Hauptschriftleiter）」により書かれたと説明されている。„Ist es eine Verächtlichmachung heutiger Institutionen, wenn man die organisierte **Lügenpresse** der Regierungsparteien wie das >Berliner Tageblatt<, die >Frankfurter Zeitung< oder den >Vorwärts< als deutschfeindliche Organe hinstellt [...].“ しかし筆者が実際にこの記事に当たってみると，原文は正しくは „Ist es eine Verächtlichmachung heutiger Institutionen, wenn man die **Presse** der Regierungsparteien（„Berliner Tageblatt“, „Vorwärts“ usw.）als deutschfeindliche Organe hinstellt [...]. “であり，しかもあとに続く文章はまったく異なっている。記事の冒頭部にある „Einer organisierten Lügenpresse ist es gelungen, [...]“という文の中から Lügenpresse をとり出して勝手に Presse と置き換えた文になっている。Albrecht は，誰かがこの記事を言い換えたものを原文と誤解して利用したと考えられる。また，Rosenberg がこの新聞の主筆になったのは 1923 年であるので，そもそも Rosenberg がこの 1922 年の記事を書いたと断定する根拠は薄弱である（記事に署名もない）。Robert Feustel/ Nancy Grochol/ Tobias Prüwer/ Franziska Reif（Hrsg.）, *Wörterbuch des besorgten Bürgers*, Mainz: Ventil, 2016, S. 81 と Andreas Graf von Bernstorff（Hrsg.）, *Rechte Wörter. Von »Abendland« bis »Zigeunerschnitzel«*, Heidelberg: Carl-Auer-Systeme, 2020, S. 93 が，Rosenberg による Lügenpresse の使用例として「1921 年の *Völkischer Beobachter*」を挙げているのは，正確ではないこの Wikipedia における記載に基づくものであろう。

(32) Rosenberg, *Wesen, Grundsätze und Ziele*, S. 23. 1933 年版の同書（S. 22）では，„als welches eine Lügenpresse sie uns darstellen möchte“となっている。

表3 3つの新聞における -presse で終わる合成語の出現頻度

	総語数	Lügen-	Auslands-	Welt-	Sowjet-	Links-	Juden-	Hetz-	Feind-	Asphalt-	System-
Völkischer Beobachter	6700万語	22	193	153	78	32	64	43	53	4	13
Illustrierter Beobachter	600万語	0	14	9	1	0	15	1	0	2	1
Hamburger Anzeiger	2億2千万語	12	264	180	74	82	8	23	2	25	7

以上により，この3人のイデオローグの言語使用を見るかぎりにおいて，Lügenpresse を「ナチ語彙」と称することは適切ではない。

次に，新聞について次の5点を調査してみよう。

1. *Völkischer Beobachter*（ウィーン版，1938～45年，6700万語）(33)
2. *Illustrierter Beobachter*（1926～27年，1931～34年，1936～39年，1941年，1943～44年，600万語）(34)
3. *Hamburger Anzeiger*（1930～45年，2億2千万語）(35)
4. *Der Stürmer*（1923～24年，1926～27年，1931～32年，1934～44年，125万語）(36)
5. *Hilf mit! Illustrierte deutsche Schülerzeitung*（1933～35年，1939～41年，55万語）(37)

Lügenpresse の使用が確認できるのは，*Völkischer Beobachter* に計22回（100万語あたり0.33回）(38)，*Hamburger Anzeiger* に計12回（100万語あたり0.055回）(39)のみである。**表3**のように，*Illustrierter Beobachter* を含めて3つの新聞においては，敵対的なメディアを指す語として Lügenpresse 以外の -presse で終わる合成語が頻繁に使用されている。

さらに，雑誌について次の8点を調査してみよう。

1. *Aufklärungs- und Redner-Informationsmaterial*（1934～42年，85万語）(40)
2. *Unser Wille und Weg*（1934～40年，90万語）(41)
3. *Der Schulungsbrief*（1934～42年，170万語）(42)
4. *Wille und Macht*（1935～44年，250万語）(43)
5. *Volk und Rasse*（1926～40年，240万語）(44)

---

(33) *Völkischer Beobachter. Kampfblatt der nationalsozialistischen Bewegung Großdeutschlands. Wiener Ausgabe*, Wien: Zentralverlag der NSDAP, Österreichische Nationalbibliothek, https://anno.onb.ac.at/cgi-content/anno?aid=vob（abgerufen am 30.09.2021）.

(34) *Illustrierter Beobachter*, München: Eher, 1926/27: Folge 1-24; 1931: Folge 1-52; 1932: Folge 1-53; 1933: Folge 1-52; 1934: Folge 1-26; 1936: Folge 1-38; 1937: Folge 1-52; 1938: Folge 1-52; 1939: Folge 26-52; 1941: Folge 1-52; 1943: Folge 1-52; 1944: Folge 1-52.

(35) *Hamburger Anzeiger*, Hamburg: Girardet, https://classic.europeana.eu/portal/de（abgerufen am 30.09.2021）.

(36) Julius Streicher（Hrsg.）: *Der Stürmer. Deutsches Wochenblatt zum Kampfe um die Wahrheit*, Nürnberg, 1923: Nr. 2; 1924: Nr. 10; 1926: Nr. 1, 35, 52; 1927: Nr. 21, 22, 31, 43; 1931: Nr. 23, 24; 1932: Nr. 5, 50; 1934: Nr. 38, 46, 47, 52; 1935: Nr. 10, 22, 25, 28, 31, 43, 44, 49, 50, 52; 1936: Nr. 1, 10-17, 36, 44, 45; 1937: Nr. 10, 12, 22, 25, 26, 27, 30, 32, 34, 35, 38; 1938: Nr. 10, 12, 16, 19, 23, 24, 25, 28, 31, 32, 40, 46, 51; 1939: Nr. 4, 5, 13, 29, 30, 32, 40, 45, 49, 50, 52; 1940: Nr. 1, 3, 18, 23, 25, 26, 33, 34, 35, 36, 42, 43, 51; 1941: Nr. 13, 14, 15, 22, 25; 1942: Nr. 1-5, 7-14, 17, 19, 24, 42, 44, 50; 1943: Nr. 21, 48; 1944: Nr. 3, 20, 21, 25, 29, 36.

(37) *Hilf mit! Illustrierte deutsche Schülerzeitung*, Berlin: Braun, 1933/34: Nr. 1-12; 1934/35: Nr. 1-12; 1939: Nr. 11; 1940: Nr. 6, 11; 1941: Nr. 5-9.

(38) 22回の内訳は，年別に次のとおりである。1938年（600万語）：5回，1939年（1000万語）：6回，1940年（1250万語）：2回，1941年（1150万語）：3回，1942年（850万語）：4回，1943年（750万語）：2回，1944年（1050万語）：0回，1945年（120万語）：0回。

(39) 1930年～37年：0回，1938年（1750万語）：3回，1939年（1400万語）：3回，1940年（1050万語）：1回，1941年（1100万語）：1回，1942年（950万語）：3回，1943年（850万語）：0回，1944年（750万語）：0回，1945年（130万語）：1回。

(40) *Aufklärungs- und Redner-Informationsmaterial der Reichspropagandaleitung der NSDAP und des Reichspropagandaamtes der Deutschen Arbeitsfront*, München: Eher, 1934: Lieferung 5-9; 1935: Lieferung 1-12; 1936: Lieferung 1-12; 1937: Lieferung 1-12; 1938: Lieferung 1-12; 1939: Lieferung 1-12; 1940: Lieferung 1-12; 1941: Lieferung 1-12; 1942: Lieferung 1-5, 10.

(41) Joseph Goebbels（Hrsg.）, *Unser Wille und Weg. Monatsblätter der Reichspropagandaleitung der NSDAP,* München: Eher, 1934: Heft 1-12; 1935: Heft 1-12; 1936: Heft 1-12; 1937: Heft 1-12; 1938: Heft 1-12; 1939: Heft 1-5, 7-12; 1940: Heft 1-5, 7-12.

(42) Der Reichsorganisationsleiter der NSDAP（Hrsg.）, *Der Schulungsbrief. Das zentrale Monatsblatt der NSDAP und der deutschen Arbeitsfront*, Berlin: Eher, 1934: Folge 1-12; 1935: Folge 1-12; 1936: Folge 1-12; 1937: Folge 1-12; 1938: Folge 1-12; 1939: Folge 1-12; 1940: Folge 1-12; 1941: Folge 1-12; 1942: Folge 1-12.

(43) Baldur von Schirach（Hrsg.）, *Wille und Macht. Führerorgan der nationalsozialistischen Jugend*, Berlin: Eher/ München: Deutscher Jugendverlag, 1935: Heft 6, 16-23; 1936: Heft 2-12; 1937: Heft 1-24; 1938: Heft 1-24; 1939: Heft 1-24; 1940: Heft 1-24; 1941: Heft 2, 3, 5, 8-10, 15-17, 19-22; 1942: Heft 1-12; 1943: Heft 1-7; 1944: Heft 1-6.

(44) *Volk und Rasse. Illustrierte Vierteljahrsschrift für deutsches Volkstum/ Monatsschrift für deutsches Volkstum, Rassenkunde, Rassenpflege*, München/ Berlin: Lehmann, 1926: 1. Jahrgang bis 1940: 15. Jahrgang.

6. *Nationalsozialistische Monatshefte*（1931 ～ 43 年，500 万語）[45]
7. *Das Deutsche Mädel*（1933, 1935 ～ 42 年，65 万語）[46]
8. *SS-Leitheft*（1942 ～ 44 年，10 万語）[47]

この 8 点のうち，Lügenpresse は，*Aufklärungs- und Redner-Informationsmaterial* で 3 回（100 万語当たり 3.53 回）[48]，*Unser Wille und Weg* で 2 回（100 万語当たり，2.22 回）[49]，*Der Schulungsbrief* で 1 回（100 万語当たり 0.59 回）[50]，*Wille und Macht* で 1 回（100 万語当たり 0.4 回）[51] 使用されている。残りの 4 点の雑誌には皆無である。

さらに続けて，ナチ党の「報道指示文書」と「世情報告書」を見てみよう。次の 10 種類の文書における Lügenpresse の使用頻度を調べてみる。

1. 報道指示文書（1934 ～ 39 年，75 万語）[52]
2. ドイツ社会民主党亡命指導部『ドイツ報告』（1934 ～ 40 年，300 万語）[53]
3. 親衛隊保安部『全国世情報告』（1938 ～ 45 年，270 万語）[54]
4. ハノーファー・ゲシュタポ報告（1933 ～ 37 年，16 万語）[55]
5. オルデンブルク・ゲシュタポ報告（1933 ～ 36 年，7 万語）[56]
6. オスナブリュック・ゲシュタポ報告（1933 ～ 36 年，15 万語）[57]
7. マクデブルク・ゲシュタポ世情報告（1933 ～ 36 年，10 万語）[58]
8. メルゼブルク・ゲシュタポ世情報告（1933 ～ 36 年，

---

(45) *Nationalsozialistische Monatshefte. Zentrale politische und kulturelle Zeitschrift der NSDAP*, München: Eher, 1931: Heft 10-21; 1932: Heft 22-33; 1933: Heft 34-45; 1934: Heft 46-57; 1935: Heft 58-69; 1936: Heft 70-81; 1937: Heft 82-93; 1938: Heft 94-105; 1939: Heft 106-117; 1940: Heft 118-129; 1941: Heft 130-141; 1942: Heft 142-147; 1943: Heft 154-163.

(46) *Das Deutsche Mädel. Die Zeitschrift des Bundes Deutscher Mädel in der HJ*, Hannover: Niedersächsische Tageszeitung, 1933: Heft 10; 1935: Heft 7; 1936: Heft 3-5, 7, 10, 11; 1937: Heft 1-3, 7-10; 1938: Heft 5-10; 1939: Heft 3, 5-10; 1940: Heft 1, 4-7; 1941: Heft 3, 10; 1942: Heft 8.

(47) Der Reichsführer SS, SS-Hauptamt（Hrsg.）, *SS-Leitheft*, Berlin, 1942: Heft 3; 1943: Heft 7, 11; 1944: Heft 3, 5, 6, 8.

(48) „Die Antwort, welche Deutschland auf das feige Attentat von Paris gegeben hat, war für eine gewisse Hetz- und Lügenpresse des Auslandes Veranlassung zu einem neuen Verleumdungsfeldzug gegen das Reich“（*Aufklärungs- und Redner-Informationsmaterial*, Januar 1939, Lieferung 1, Juden, Allgemeines, Blatt 1/26）; „Eine internationale Lügenpresse stellte die Behauptung von der Landung deutscher Truppen in Marokko auf und nur dank der schnellen Stellungnahme des Führers konnte die durch diese Lüge hervorgerufene Gefahr gebannt werden.“（*Aufklärungs- und Redner-Informationsmaterial*, Januar 1939, Lieferung 1, Spanien, Blatt 8）; „Daß Fragen, wie das Judenproblem, gar keinen Einfluß auf die Haltung des Auslandes haben, abgesehen von der jüdischen Hetz- und Lügenpresse, wird durch zahlreiche Beispiele erhärtet.“（*Aufklärungs- und Redner-Informationsmaterial*, Januar 1939, Lieferung 1, Juden, Allgemeines, Blatt 9/34）

(49) „Obwohl Adolf Hitler in seiner letzten Januarrede dieses gefährliche Geschwätz mit der Bemerkung abtat, Deutschland wolle Nord- und Südamerika, Australien und China ebensowenig okkupieren wie Holland und den Vollmond, taucht diese Propagandalüge fast allwöchentlich in der gekauften Lügenpresse des Auslandes wieder auf.“（*Unser Wille und Weg*, 1939, Heft 5, S. 110）; „Die gemeinsame deutsch-russische Erklärung über Zweck und Ziel des Einmarsches russischer Truppen in Ostpolen zerstörte dann, zum großen Leidwesen der jüdischen Lügenpresse, sehr schnell die Grundlagen für weitere ähnliche Märchen und Lügen und ließ nichts anderes als einen ungeheuren Katzenjammer zurück.“（*Unser Wille und Weg*, 1939, Heft 10, S. 220）.

(50) „Unbeirrbar strebte England seinem Ziele zu. Das Jahr 1906 ist hierfür von höchster Bedeutung und Beweiskraft. Der Entente-Lügenpresse ist es gelungen, der ganzen Welt die Schuld Deutschlands am Weltkriege durch den Bruch der belgischen Neutralität einzureden.“（*Der Schulungsbrief*, 1937, Folge 11, S. 447）

(51) „Madame Tabouis war die Verkörperung dieser feilen Lügenpresse, die sich jedem anbot, der zu bezahlen wußte und bereit war, jede Lüge in die Welt hinaus zu posaunen, die den im Hintergrund bleibenden Auftraggebern gerade erwünscht war.“（*Wille und Macht*, 1942, Heft 1, S. 32）

(52) Hans Bohrmann/ Gabriele Toepser-Ziegert（Hrsg.）, *NS-Presseanweisungen der Vorkriegszeit. Edition und Dokumentation. 7 Bände in 19 Teilen*, München: Saur, 1984-2001.

(53) Klaus Behnken（Hrsg.）, *Deutschland-Berichte der Sozialdemokratischen Partei Deutschlands (Sopade) 1934-1940. 7 Jahrgänge*, Salzhausen: Nettelbeck, Frankfurt am Main: Zweitausendeins, 1980.

(54) Heinz Boberach（Hrsg.）, *Meldungen aus dem Reich. Die geheimen Lageberichte des Sicherheitsdienstes der SS 1938-1945*, 17 Bände, Herrsching: Pawlak, 1984.

(55) Klaus Mlynek（Hrsg.）, *Gestapo Hannover meldet ... Polizei- und Regierungsberichte für das mittlere und südliche Niedersachsen zwischen 1933 und 1937*, Hildesheim: Lax, 1986.

(56) Albrecht Eckhardt/ Katharina Hoffmann（Hrsg.）, *Gestapo Oldenburg meldet ... Berichte der Geheimen Staatspolizei und des Innenministers aus dem Freistaat und Land Oldenburg 1933-1936*, Hannover: Hahn, 2002.

(57) Gerd Steinwascher（Hrsg.）, *Gestapo Osnabrück meldet ... Polizei- und Regierungsberichte aus dem Regierungsbezirk Osnabrück aus den Jahren 1933 bis 1936*, Osnabrück: Verein für Geschichte und Landeskunde von Osnabrück, 1995.

(58) Hermann-J. Rupieper/ Alexander Sperk（Hrsg.）, *Die Lageberichte der Geheimen Staatspolizei zur Provinz Sachsen 1933 bis 1936. Band 1: Regierungsbezirk Magdeburg*, Halle（Saale）: Mitteldeutscher Verlag, 2003.

15万語）[59]

9. エアフルト・ゲシュタポ世情報告（1933～36年，13万語）[60]
10. ドイツ共産党（KPD）に関するゲシュタポ報告書（1933～45年，15万語）[61]

Lügenpresseの使用は，報道指示文書に1回（100万語当たり1.33回）[62]，そしてドイツ亡命社会民主党指導部の『ドイツ報告』に1回（100万語当たり0.33回）[63]のみ確認でき，その他の8点の文書には確認できない。

以上のように，Goebbels，Hitler，Rosenberg，5点の新聞，8点の雑誌，10点のナチ党の「報道指示文書」と「世情報告書」においてLügenpresseは，きわめて少ないことが確認できた。またまったくLügenpresseの使用のない資料が，全体の3分の2近くを占めている。したがって，Lügenpresseをナチスドイツ時代に頻繁に用いられた語，すなわち「ナチ語彙」とみなす言語史的根拠はないと判断するべきである。このことは，『ナチのドイツ語』（1988年）[64]に採録された約3000語にも，『国民社会主義の語彙』（2000年）[65]に採録された523語のなかにも，Lügenpresse（およびVolksverräter）が入っていないこととも整合性がある。

3 ナチ語彙神話の形成

3.1 極右主義，ネオナチとの関連

では，それにもかかわらずなぜ，2014/15年以降のドイツにおいてLügenpresseは「ナチ語彙」として広く認知されているのであろうか。この疑問に迫るべく，まずナチスドイツの終焉から2013年までのLügenpresseの使用を確認しておきたいと思う。

Frankfurter Allgemeine（*FAZ*）と*Süddeutsche Zeitung*（*SZ*）と*die tageszeitung*（*taz*）のアーカイブ[66]を利用し，1945年（6月）から2013年までの時期にLügenpresseという語が使用された記事を検索すると，例えば次のような記述に行き当たる。1950/60年代には東ドイツが「西の嘘つきメディア」（*FAZ*，1956年11月16日），「西の煽動・嘘つきメディア」（*FAZ*，1961年6月16日）という批判の仕方をしている様子が報道され，1980/90年代にはフランス共産党が「フランスの資本主義的な嘘つきメディア」（*FAZ*，1980年1月31日）という批判をしたことが報道されたり，ローマ教皇ヨハネ23世（1881～1963年）の「善良なメディアがスキャンダル好きの嘘つきメディアを駆逐せねばならない」（*taz*，1994年9月8日）ということばが引用されたり，2000年代にはビクトリア王女について書かれたゴシップ記事ゆえにスウェーデンの「王室は嘘つきメディアに慰謝料を初めて求めた」（*SZ*，2004年11月24日）ことなどが伝えられたりしている。

今日のドイツにおけるLügenpresse批判につながる言及は，2005年6月10日付けの*taz*に確認できる。それは，極右政党NPD（ドイツ国民民主党）をめぐる記事である。

> 半年前にもネオナチ行進がベルリンで行われ，終戦60周年に関する報道でNPDが中心的に扱われた。NPDは，DVU（ドイツ民族連合）と右翼戦線を張り始めた。ネオナチ界隈は今までよりもラジカルで好戦的になり，政治能力を持つプロフェッショナルになっている。ネオナチ界隈は同盟関係を結んで，国家，体制側の政党，嘘つき

(59) Hermann-J. Rupieper/ Alexander Sperk (Hrsg.), *Die Lageberichte der Geheimen Staatspolizei zur Provinz Sachsen 1933 bis 1936. Band 2: Regierungsbezirk Merseburg*, Halle (Saale): Mitteldeutscher Verlag, 2004.

(60) Hermann-J. Rupieper/ Alexander Sperk (Hrsg.), *Die Lageberichte der Geheimen Staatspolizei zur Provinz Sachsen 1933 bis 1936. Band 3: Regierungsbezirk Erfurt*, Halle (Saale): Mitteldeutscher Verlag, 2006.

(61) Margot Pikarski/ Elke Warning (Hrsg.), *Gestapo-Berichte über den antifaschistischen Widerstandskampf der KDP 1933 bis 1945*, 3 Bände, Berlin: Dietz, 1989-1990.

(62) 1938年7月12日付けの報道指示文書：„Auf der anderen Seite zeigen zahlreiche Briefe von Englaendern an Deutsche, dass gluecklicherweise die Meinung des anstaendigen Englaenders sich von der **Luegenpresse** abwendet, doch kann sich diese Meinung offenbar nicht durchsetzen. Es muss vermieden werden, zu verallgemeinern und die gesamte englische Presse anzugreifen oder andere englische Zeitungen im gleichen Atemzug mit Namen zu nennen.“（Bohrmann/ Toepsor-Ziegert (Hrsg.), *NS-Presseanweisungen der Vorkriegszeit*, Band 6/2, S. 647）

(63) 1934年7月3日付けの報告：„Der größere Teil der SA ist nach wie vor für Hitler. Ihr Vertrauen in Hitler ist selbst durch diese Vorgänge nicht erschüttert. [...] Man glaubt der faschistischen **Lügenpresse** und bewundert fast den Führer, daß er so viel Entschlußkraft und Herzlosigkeit aufbringt.（*Deutschland-Berichte der Sopade*, 1. Jahrgang 1934, S. 307）ここでは，レーム粛清に関する報道に関して，亡命社民党サイドがナチスドイツ体制のメディアを「ファシストの嘘つきメディア」と呼んでいる。

(64) Karl-Heinz Brackmann/ Renate Birkenhauer (Hrsg.), *NS-Deutsch. „Selbstverständliche“ Begriffe und Schlagwörter aus der Zeit des Nationalsozialismus*, Straelen (Niederrhein): Straelener Manuskripte Verlag, 1988.

(65) Cornelia Schmitz-Berning, *Vokabular des Nationalsozialismus*, Berlin/ New York: de Gruyter, 2000.

(66) *Frankfurter Allgemeine Archiv* (https://fazarchiv.faz.net/); *Süddeutsche Zeitung Archiv* (https://www.sz-archiv.de/); *taz Archiv* (https://taz.de/Archiv).

メディアを共通の敵と捉えて活動する力をつけてきている[67]。

NPD は今世紀に入って「党首交代と戦術転換によって党勢を回復し，政党では分裂していた極右勢力の声を代弁」[68]した。2004 年には「組織された意志戦争」を党の活動方針に加えて右翼国民戦線を結成すべく，「友好関係にあった DVU だけでなく，ネオナチ組織との連帯も許容」[69]した。上の *taz* の記事は，そのような連携活動の際に Lügenpresse が明確な「敵」として照準に定められたとする報道である。

筆者が把握した限りにおいて，この記事内容に関連する重要な発言と事件が記事の数年後にドレスデンから 100 キロほどを半径にした円内に収まる 3 つの都市，Gera, Schneeberg, Sprengberg に確認できる。まず Gera では 2010 年 7 月 10 日に，同市の NPD 支部が Rock für Deutschland「ドイツのためのロック」という「右翼ロック（Rechtsrock）フェス」[70]を開催した。これは，ヨーロッパ最大規模のネオナチ・フェスで，この前年には 4000 人が参加した[71]。*Zeit Online* に掲載された記事[72]を読むと，このフェスの舞台で挨拶をした NPD のザクセン州議会議員 Andreas Storr は，「政治家，国民の裏切り者，われわれ国民への犯罪者たちは立ち去らねばならない。そのためにわれわれは戦う。」と述べたあと，「嘘つきメディアの編集局を麻痺させ，占拠すること。これがわれわれの最初の課題となるだろう。」と続け，「国民の裏切り者」としてのメディアを襲撃する旨の煽動のことばを放った。これに乗るようにして，2012 年 4 月末に Spremberg で，地元新聞の編集局を標的にした襲撃が実際に起こった。ネオナチが，かねてから自分たちに批判的な記事を書いていた *Lausitzer Rundschau* の事務所がある建物を動物の内臓で汚辱し，建物 1 階正面の窓に Lügenpresse, halt die Fresse というスローガンを大きく落書きし，またネオナチ集会の写真をガラス窓に何枚も貼った[73]。さらに 2013 年 11 月初めには，Schneeberg で NPD が難民収容施設に反対するデモを夜間に行ったとき，ジャーナリストが激しい暴力をふるわれた[74]。デモに先立って NPD 支部の幹部が演説し地元新聞 *Freie Presse* を名指しで批判すると，デモ参加者たちは熱狂して Lügenpresse! Lügenpresse! というシュプレッヒコールで応え，またジャーナリストを取り囲んで Lügenpresse! Lügenpresse! と罵り威嚇するような場面もあったという[75]。

以上のことから，Lügenpresse は 2000 年代から極右主義者とネオナチによって使い始められ，遅くとも 2010 年代初めにはその界隈で広がりを見せていたと思われる。その際，Lügenpresse という語は「ナチ語彙」と想定されていたと考えられる。彼らにとって，自分たちに批判的なメディアに反撃するときのキーワードが「ナチ語彙」であることは好都合であると考えたのではないだろうか。ただし，その想定が言語史的には正しくないことは，本論の今までの考察で明らかである。

3.2 Pegida 以降の一人歩き

Pegida の主謀者は運動を創始するに際して，何年か前から極右主義者たちのあいだで広がっていた Lügenpresse という語を，この語がナチ語彙であると考えて自らの運動の中核的スローガンとして採用したものと考えられる。Pegida の主謀者にとって，Lügenpresse のナチ語彙神話は好適であった。

「粗悪語」選出のプレス発表に 3 週間ほど先立つ 2014 年 12 月 21 日に，Christian Buggisch（経理ソフト開発会社 Datev，企業コミュニケーション部門責任者）は自らのブログ[76]の中で，国民社会主義者たちが用いた Lügenpresse の具体例をきちんと示している。Goebbels の用例として

---

(67) Christoph Seils, „Einig, radikal und bündnisfähig“, *taz*, 10.06.2005.

(68) 高橋「ドイツ極右主義」，195 頁。

(69) 高橋「ドイツ極右主義」，202 頁。

(70) 1990 年代以降，極右主義は固有のサブカルチャーを形成した。その中で，「右翼ロック」の音楽が重要な役割を演じた。NPD は，連帯したネオナチ組織にロックのためのコンサート会場を確保して便宜を与えた。高橋「ドイツ極右主義」，195−196 頁および 202 頁参照。

(71) Vgl. Andreas Speit, „Neonazi-Musikkultur. Mit Hitlergruß und Mikrofon“, *taz*, 09.07.2010.

(72) „Nazirock in Gera: »Wir sagen: Tod, Vernichtung diesem roten Mob!«“, *Zeit Online*, 23.07.2010, https://blog.zeit.de/stoerungsmelder/2010/07/23/nazirock-in-gera-„wir-sagen-tod-vernichtung-diesem-roten-mob“_4062 (abgerufen am 30.09.2021).

(73) „Angriff auf Redaktion“, *SZ*, 02.05.2012; Constanze von Bullion, „Unmissverständliche Schweinerei. Neonazis sollen Gebäude einer Lokalzeitung in Brandenburg verschandelt haben“, *SZ*, 03.05.2012; Erik Wenk, „Tiergedärm an der Redaktionstür“, *taz*, 04.05.2012.

(74) Peter Schilder, „Drama in der Provinz“, *FAZ*, 18.11.2013; „Polizeischutz gefordert“, *SZ*, 30.11.2013.

(75) Matern Boeselager, „In Schneeberg gingen Nazis auf Journalistenjagd – und die Polizei tat nichts“, *vice*, 19.11.2013, https://www.vice.com/de/article/qbm4v5/bei-dieser-demo-kuemmerte-es-einige-polizisten-wenig-dass-journalisten-verpruegelt-wurden (abgerufen am 30.09.2012). これは，ジャーナリストが襲われた様子を目撃した別のジャーナリストが克明に書いたものである。

(76) Christian Buggisch, „Pegida und die »Lügenpresse«“ – ein Begriff und seine Geschichte“, https://buggisch. wordpress.com/2014/12/21/Pegida-und-die-lugenpresse-ein-begriff-und-seine-geschichte/ (abgerufen am 30.09.2021).

„Ungehemmter denn je führt die rote **Lügenpresse** ihren Verleumdungsfeldzug durch“ を，Hitler の用例として „Für die Marxisten gelten wir dank ihrer **Lügenpresse** als reaktionäre Monarchisten“ を，Rosenberg の用例として „[...] als welches eine **Lügenpresse** sie uns darstellen möchte“ を挙げている。この Hitler と Rosenberg の用例はそれぞれ，筆者が 2.2 で確認した唯一の用例であるが，これが唯一の例なのかそれとも多くある例のうちのひとつの例にすぎないのかについて，Buggisch 自身が不確かであるように見える。典拠として挙げられているのは 1 次文献ではなくインターネットの関連ページなので，Buggisch はインターネット検索を駆使してこれらの用例にたどり着いたものと思われる。

Lügenpresse をナチ語彙として公的に認定する役割を演じたのは，「粗悪語」選出委員の言語学者たちである。2015 年 1 月 13 日の「粗悪語」プレス発表の日，選出委員会スポークスパーソンの Nina Janich は，（1.2 で引用した）プレス発表の文書における抑制的な書き方とは異なり，*Schweriner Volkszeitung* のインタビュー[77]では Goebbels による使用を指摘して，「これはナチのことば（Sprache der Nazis），ナチの語彙（NS-Vokabular）のひとつです」[78]と言い切っている。

同日の *SZ* と *FAZ* と *taz* の関連記事を見てみよう。*SZ* は，国民社会主義者たちが Lügenpresse を用いたことを紹介し，Buggisch が先に挙げていたのとまったく同じ Goebbels と Hitler の用例を挙げている[79]。*FAZ.NET* の記事[80]は，Goebbels の日記で Lügenpresse が 2 回使用されていることを示した上で「Goebbels が最も優先したのは Journaille で」あり，「Lügenpresse という概念は Hitler の『わが闘争』にも演説にも直接には現れていない」と述べている。この記載内容は，筆者自身の調査結果と基本的に合致するものであるが，データベース *Nationalsozialismus, Holocaust, Widerstand und Exil 1933-1945* が示す結果（2.2 参照）と完全に一致するので，この記事はこのデータベースを利用して書かれたと考えられる。*taz* の記事[81]は，Buggisch が先に挙げていた Goebbels における用例を挙げ Rosenberg における使用も指摘するが，驚くべき説明をしている。記事の初めに，人差し指を立てて扇動的な演説をする様子の Goebbels の写真を大きく配置して，「国民社会主義はこの Lügenpresse という概念の最盛期（Hochzeit）であった。（・・・）Lügenpresse は Goebbels のお気に入りの語（Lieblingswort）で，Goebbels は批判者を中傷するためにこの語を用いた。」と書いている。歴史的な根拠なしに内容を誇張するこの種の発言は，同日にさらに見られる。オンライン・ニュースポータルの *DerWesten* のニュース記事[82]には，「Goebbels にとってこの語は，自らのプロパガンダをひとまとめにして「真実」だと前提するために用いる戦闘力のある中核概念の一つであった。「第三帝国」で何百万回も繰り返されて，この語は共有財となった。」と書かれている。また，この日の *SZ* の動画ニュース[83]では，*SZ* 編集局員の Heribert Prantl が，Lügenpresse は「ナチによってインテンシブに使われた語で，Goebbels はこれをひっきりなしに（ständig）口にした。」と言ってのけている。このような誤りは，それまでに Goebbels, Hitler，Rosenberg における用例が具体的に挙げられてはきても，用例がそもそもきわめて限定的にしかないのか，それとも多くあるうちのひとつが示されているのか不明のままであったことによると筆者は考える。

このように「粗悪語」選出のプレス発表の当日にすでに，一部のメディアは Lügenpresse が国民社会主義者たちによって「インテンシブに」「ひっきりなしに」「何百万回も繰り返されて」使用された「お気に入りの」ナチ語彙であるとする誇大な情報を報道し，間違った情報を一人歩きさせ始めた。さらには，「粗悪語」プレス発表の 10 日も経たない時点で Gauck 大統領までもが「この語はナチの闘争概念であった」から，これを使用することは「歴史を忘れた愚かなこと」だと述べた[84]時点で，ナチ語彙としての Lügenpresse の公的認知は完了し，2000 年代に極右

(77) „Unwort des Jahres. »Das ist die Sprache der Nazis«“, *Schweriner Volkszeitung*, 13.01.2015, https://www.svz.de/deutschland-welt/politik/das-ist-die- sprache-der-nazis-id8678496.html. (abgerufen am 30.09.2021).

(78) 以下，引用文中の下線強調は筆者によるものである。

(79) Paul Katzenberger, „Kampfbegriff gegen die Demokratie“, *SZ*, 13.01.2015.

(80) Rainer Blasius, „Unwort des Jahres. Von der Journaille zur Lügenpresse“, *FAZ.NET*, 13.01.2015.

(81) Vgl. Sonja Vogel, „Die kleine Wortkunde. »Lügenpresse«“, *taz*, 13.01.2015. これと一致して，同じ日にオンライン新聞に掲載された Buggisch の記事には，「この概念は，言語とレトリックが民族主義的・国民社会主義的にイデオロギー化された時代に活況（Hochkonjuktur）にあった」と書かれている。Christian Buggisch, „Begriffsklärung zum Unwort des Jahres“, *der Freitag. Die Wochenzeitung*, 13.01.2015, https://www.freitag.de/autoren/der-freitag/zum-aufstand-gegen-die-luegenpresse-eine-begriffsklaerung (abgerufen am 30.09.2021).

(82) Jens Dirksen, „»Lügenpresse« ist immer ein Propagandawort gewesen“, *DerWesten*, 13.01.2105, https://www.derwesten.de/kultur/luegenpresse-ist-immer-ein-propagandawort-gewesen-id10232961.html (abgerufen am 30.09.2021).

(83) Heribert Prantl, „»Lügenpresse« als Unwort des Jahres. »Wer dieses Wort verwendet, will nicht diskutieren«“, 13.01.2015, https://www.sueddeutsche.de/politik/luegenpresse-2-luegenpresse-2-1.2302883 (abgerufen am 30.09.2021).

(84) Vgl. „Gauck kritisiert »Lügenpresse«-Begriff als geschichtsvergessen“, *Zeit Online*, 22.01.2015, https://www.zeit.de/politik/ausland/2015-01/gauck-pegida-luegenpresse (abgerufen am 30.09.2021).

界隈で始まっていたと考えられる Lügenpresse のナチ語彙神話がここに見事に完成したと言えよう。

「粗悪語」選出委員会がナチズムとの関連性をプレス発表した理由は，Lügenpresse を無邪気に連呼するデモ参加者たち，そして国民にこの語の使用の重篤さを警告することであった。一方，メディアが誇大な情報を流した理由は，警告を大きく発することでもあったであろうが，ジャーナリスティックなセンセーショナリズムに陥っていた面もあるのではないだろうか。

4 ナチ語彙神話の足かせ

4.1 Pegida の Facebook

ナチ語彙神話の告知は，Pegida のデモ参加者の側に実際にどのような影響を与えたのであろうか。それを知るために，Pegida の公式 Facebook に書かれたコメントを分析する。Pegida 運動最初期の 2014 年 11 月 24 日～ 2015 年 1 月 27 日に Pegida の公式 Facebook に書き込まれたコメントを集積したデータ（約 28 万コメント，約 800 万語）[85]がある。このデータで検索すると，Lügenpresse は 3397 回（100 万語当たり 430 回）書かれている。これは，約 80 コメントに 1 回 Lügenpresse が使用された計算になる[86]。2017 年 9 月 10 日～ 10 月 31 日の Pegida 公式 Facebook のコメントデータ（約 1.3 万コメント，約 20 万語）を筆者自身が集積して，Lügenpresse の使用例を確認すると 15 回（100 万語当たり 75 回）見いだせる。Lügenpresse の使用頻度が減少したかどうかを正確に言うことができるように，2014/15 年と 2017 年の 2 つのコーパス（データ）を比較して，2 つの間に対数尤度比（LLR）[87]により（0.01％の有意水準で）有意差が検定できた名詞を上位 40 位まで示したものが**表 4** である。表 4 にあるように，Lügenpresse は 2014/15 年のほうに（20 番目に）特徴的な名詞として認定されるので，2014/15 年から 2017 年のあいだに Lügenpresse の使用頻度が減少したと言うことができる。

表 4 はさらに，Lügenpresse 以外に Nazi「ナチ」, Hitler, NPD, Jude「ユダヤ人」というナチ関連の語についても，2014/15 年のデータと比べて 2017 年 9 月 /10 月のデータで使用が減少していることを示している。これは，「ソーシャルネットワーク執行法」（本号の穂鷹論文を参照）が 2017 年 6 月に成立したことと関連していると考えられる。つまり，Pegida デモ参加者・支持者たちは Lügenpresse のナチ語彙神話を心得ているので，Facebook などでナチ関連の発言をすると「ソーシャルネットワーク執行法」により罰せられるリスクがあると考え，それを回避すべく，個人が特定される Facebook での Lügenpresse の使用を控えるようになったのではないだろうか。他方で，Pegida デモ参加者・支持者たちは匿名でデモ行進の現場にいるときには「執行法」の網の外にいるので，Lügenpresse を連呼することができる。

4.2 Björn Höcke の Facebook と演説

AfD「ドイツのための選択肢」は，2013 年に設立された新興の政党である。右翼ポピュリスト政党である AfD は Pegida とも連携し，2017 年 9 月のドイツ連邦議会選挙では CDU・CSU と SPD に続く第 3 党として国政に進出した。AfD において過激な発言で知られるのが，テューリンゲン州議会の Björn Höcke である。Höcke はギムナジウムの歴史の教員であったが，2010 年に極右のデモに参加していて NPD との関連が憶測されている[89]。

筆者は，Höcke が自らの Facebook[90]に 2016 年 9 月 1 日～ 2017 年 12 月 31 日までの 16 ヶ月間に書いた 346 件の書き込みを集積した（約 5 万語）。その上で，2016 年 9 月 1 日より前の Höcke の書き込みも Facebook 内の検索機能を使って必要に応じてチェックした。Höcke は Facebook で Lügenpresse という語に 3 度言及している。しかし，いずれもこの語から距離を置く文脈で用いていて，自らのことばとしてこの語を使用してはいない。まず 2015 年 11 月 19 日の書き込みで Höcke は，「多くの人が言うところ

(85) Gregor Weichbrodt と Hannes Bajohr が作成し，https://ggor.de/project/Pegida-korpus/（abgerufen am 30.09.2012）に公開している（筆者による計測では約 800 万語からなる）。ここには,「2014 年 12 月中旬から 2015 年 1 月初旬までの」データと書かれているが，実際にデータをよく見ると，2014 年 11 月 24 日から 2015 年 1 月 27 日までのデータである。

(86) メディア批判する語としてはこのほかに，Systempresse（90 回），Hetzpresse（20 回），Mainstreampresse（16 回），Märchenpresse（16 回），Dreckpresse（15 回），Staatspresse（14 回），Propagandapresse（11 回）が用いられている。

(87)「対数尤度比（たいすうゆうどひ）」（LLR: Log Likelihood Ratio）とは，ある現象が二つの別個の母集団で出現するときに，その二つの出現頻度の差が有意な差であると推測するもっともらしさ（尤度）を統計学的に検定するために用いる関数である。0.01％水準の場合，つまり，有意な差があるという判断が誤りである可能性が 0.01％以下しかないという水準の場合（$p<0.0001$），その判断を棄却する限界値となる対数尤度比は 15.13 である。つまり，対数尤度比が 15.13 を上回る場合，二つの出現頻度には 0.01％水準で有意な差があると言うことができる。この対数尤度比の数値が高いほど，二つの出現頻度の差はより有意で顕著である。

(88) 表上の LLR とは対数尤度比,「F in A」とは Pegida-FB（2017）における出現頻度（Frequenz),「F in B」とは Pegida-FB（2014/15）における出現頻度のことである。

(89) Andreas Kemper, *„»... Die neurotische Phase überwinden, in der wir uns seit siebzig Jahren befinden« Zur Differenz von Konservatismus und Faschismus am Beispiel der »historischen Mission« Björn Höckes (AfD)“*, Jena: Rosa Luxemburg Stiftung Thüringen, 2016, S. 45-46.

(90) https://www.facebook.com/pg/Bjoern.Hoecke.AfD

表4 2014/15年のPegida Facebookにおける名詞の特徴語（2017年と比較して）[88]

A：PEGIDA-FB（2017），B：PEGIDA-FB（2014/15）
p＜0.0001

	Lemma	*LLR*	*F in A*	*F in B*		*Lemma*	*LLR*	*F in A*	*F in B*
1	Islam	337.48	84	15057	21	Angst	85.30	62	6557
2	Pegida	271.80	602	43547	22	Moslem	84.44	43	5317
3	Muslime	205.42	30	7456	23	Islamisch	84.20	22	3836
4	Meinung	191.39	43	8180	24	Demo	83.93	24	3979
5	Religion	158.09	32	6478	25	Christ	79.33	12	2915
6	Problem	147.00	59	8184	26	Paris	76.24	2	1846
7	Politik	118.19	88	9215	27	Presse	75.94	15	3082
8	Koran	113.81	6	3114	28	Thema	75.44	18	3306
9	Mensch	113.28	234	17258	29	Punkt	75.17	15	3063
10	Seite	111.62	42	6019	30	Meinungsfreiheit	74.07	4	2037
11	Bewegung	107.25	11	3474	31	Politiker	68.45	103	8353
12	Medium	104.56	50	6368	32	Hitler	62.87	0	1251
13	Facebook	102.27	45	5965	33	Anhänger	61.94	16	2808
14	Jude	100.61	0	2002	34	Argument	61.64	5	1869
15	Nazi	100.10	114	10151	35	Demonstrant	58.26	4	1693
16	Legida	100.10	5	2708	36	NPD	57.19	0	1138
17	Positionspapier	99.91	0	1988	37	Salafist	56.18	0	1118
18	Ausländer	96.43	26	4454	38	Muslim	55.81	12	2343
19	Islamist	91.65	11	3116	39	Toleranz	55.15	8	1997
20	Lügenpresse	88.86	15	3397	40	Frankreich	54.31	5	1705

の『嘘つきメディア』は，その名のとおりであることがまれでない」と述べ，「多くの人が言うところの」という表現によって自らのことばではないことを強調している。次に2016年1月5日の書き込みでは，「これからも私は引き続きLügenpresseという言い方をすることを拒みます」と宣言し，代わりにLückenpresse「欠陥メディア」という語を使うとした。2016年8月15日の書き込みには，「私は私の知る限りLügenpresseという概念を自ら口にしたことはありません。ある職業にあるひとたちをひとくくりにどうだこうだと判断するのは，私の性分に合いません。」と述べている。

演説ではどうであろうか。筆者は，YouTubeに動画がアップロードされた2013年から2017年までのHöckeの102回の演説テクスト（約40時間分）[91]を文字データ化した（約25万語）。Höckeの演説には，Lügenpresseが4回見られる。しかし，第三者の発言の引用としてで，Facebookの書き込みの場合と同様にHöcke自らのことばとしてではない。例えば，批判的な新聞記者を槍玉に挙げ，「あなたは，Björn Höckeがきっとまた Lügenpresseということばを用いるにちがいないと書いています。あなたは私の演説をまだ一度も聞いたことがないのでしょうね。」（2015年10月21日）と反論している。また，2016年10月22日の演説でHöckeは，「私たちはUmvolkung（民族転換）とは言ってはいけないのです，これはナチのことばだとされます。ですからこの語は避けておいて」と断って[92]，Umvolkungの代わりに「民族のTransformation」

(91) この102の演説に関する具体的な情報については，高田博行「透かし彫りのナチ語彙 —— AfD党幹部ビョルン・ヘッケの言説をめぐって」高田博行・山下仁編著『断絶のコミュニケーション』ひつじ書房，2019年，143頁およびHiroyuki Takada, „NS-Lexik bei Björn Höcke. Auf dem Pergament der Hypertextualität“, in: *Aptum. Zeitschrift für Sprachkritik und Sprachkultur* (Bremen: Hempen), 15/03, 2019, S. 255を参照。

(92) ナチ語彙とされることを知っていながらその名を出すのは修辞法でいう「逆言法」（paralipsis）になっていて，巧妙にこの語に焦点化・強調が行われている。

という言い方をしている。このように,「ソーシャルネットワーク執行法」により罰せられたり,PC 違反として告発されたりするリスクを回避するために,Höcke はナチ語彙を避けるポーズを意図的に取っている。Höcke はテューリンゲン州議会演説の中で,「この国では,Facebook 社が財政面でナチの棍棒(Nazi-Keule)を振るって強力に威嚇をしてきます。書き込みで違反すると,なんと最高 5 千万ユーロの罰金を支払わねばならないのです。」(2017 年 6 月 22 日)と語っている。「ナチの棍棒」という言い方は右翼の立場からのメタファー表現であり,右翼的な発言をすると「その発言はナチと同じだ」というレッテルを貼られ「正当性を剥奪されて」(93),それ以上議論ができなくなる状況を指す(94)。

演説で Höcke 自身は Lügenpresse を自ら口にしないのであるが,動画を見るとデモの演説会場ではこの語が数分おきに聞こえている。集まった聴衆側(デモ参加者)が,Lügenpresse をシュプレッヒコールするのである。「ナチの棍棒」は不特定の聴衆に振り下ろされても,だれも痛みを感じないで済む。Lügenpresse は,Höcke と聴衆,そしてまた聴衆同士に連帯感を生み出していて,Höcke はこれを黙認するというよりも,聴衆が言うのを誘導しているように見える。こうすることによって,Höcke は自らの告発リスクをうまく避けながら演説会場におけるナチ志向の雰囲気作りをしている。

さらに詳細に分析すると,Höcke はナチ語彙をこのように回避するだけではない。Höcke は,ナチ語彙をナチ時代とは反対の価値づけや方向づけとともに用いている(95)。筆者は,この事態を,Gérard Genette の「パランプセスト」(Palimpsestes)という概念で説明が可能だと考える。「パランプセスト」とは,書いた文字を削り取ってその上に再び文字が書けるようにした中世の羊皮紙の再生紙のことである。「同じ羊皮紙上で,あるテクストが別のテクストの上に重なっているのだが,といってそれは下のテクストを完全に隠すには至っておらず,下のテクストは透けてみえている」(96)。下層にあるナチズムのテクストにおいてポジティブな語として用いられていた語を,Höcke が自らの言説という上層に見えているテクストにおいてネガティブな語として上書きしても,下層のテクストにおける意味合いが受け手には透けて見えている。つまり,ナチ語彙を演説の口先でネガティブに用いながら,その本来のポジティブな評価を聴衆に透けて見させる戦略が取られているということになる。そもそもナチ語彙を使用することで,その元にあるナチズム的な意味におけるポジティブな評価を受け手に垣間見させることができる。そしてナチ語彙を少なくとも表面的にはネガティブな評価で使用することで,「ナチの棍棒」を免れることができる。このようにナチ語彙がいわば透かし彫りされているがゆえに,ナチズムと親和的な Höcke というイメージが醸成され,一定の支持者が確保でき,罰せられたり違反として告発されたりするリスクを避けながら《国民の声》を分断する政治家となりうると言えよう。Höcke にとって重要なのは,上書き前の下層にナチ語彙が存在することである。したがって,Lügenpresse のナチ語彙神話は扇動的政治家 Höcke にとって好適である。

最後に総括して述べるならば,「粗悪語」選出委員会の側,新聞・TV 等で報道する側,Pegida デモを主導する側,Pegida デモに参加する側,扇動する AfD 政治家 Höcke の側,これらのいずれの側にとっても,Lügenpresse がナチ語彙であるという神話は好適であった。これが,今まで Lügenpresse という語をナチ語彙とする考えに疑念が向けられたり再検討されたりすることがなかった理由であろう。主流政治家のメガホンだと批判されたメディアが,一部誇大な報道によってこの Lügenpresse という語の存在を巨大化させ,結果的に Pegida や AfD のメガホンにもなった側面があるとすれば,Lügenpresse のナチ語彙神話の形成はメディアにとっていかにも逆説的なプロセスであったと言えよう。そして誇大な言い過ぎを「嘘」と名づけるならば,Lügenpresse という語で「嘘つき」呼ばわりされたメディアがその語に関する自らの報道において「嘘」をついてしまったという皮肉な状況がそこにはあったことになる。

---

(93) Feustel/ Grochol/ Prüwer/ Reif (Hrsg.), *Wörterbuch des besorgten Bürgers*, S. 96.

(94) この概念は,ホロコーストがドイツ人に対する「道徳の棍棒(Moral-Keule)」になっているという言い方を Martin Walser が 1998 年にして,犯罪者と犠牲者の関係性を反転させたことに発している。Vgl. Torben Fischer/ Matthias N. Lorenz (Hrsg.), *Lexikon der »Vergangenheitsbewältigung« in Deutschland*, 3., überarbeitete und erweiterte Auflage, Bielefeld: transkript, S. 320-322.

(95) 例えば Höcke はいわゆる主流メディアがどれも同じ価値観で報道することをネガティブに評価して,(ナチ時代にはポジティブな評価づけがなされた)Gleichschaltung「同一化」という語を主流メディアに関して用いている。また Höcke は,ヨーロッパ人が生存する空間に関して Lebensraum「生存圏」という語を用いて,(ナチ時代のように)その空間を拡大することではなくその空間を防衛することを要求している。このあたりについて詳しくは,高田「透かし彫りのナチ語彙」135−138 頁および Takada, „NS-Lexik bei Björn Höcke“, S. 247-251 を参照。

(96) ジェラール・ジュネット(和泉涼一訳)『パランプセスト——第二次の文学』水声社,1995 年,655 頁参照。

ネットワーク執行法でネット上の発言はどう変わったか
——デジタル時代のメディアとコミュニケーション

穂鷹知美

1 はじめに

ドイツでは，2017年秋に「ソーシャルネットワークにおける法執行を改善するための法律（Gesetz zur Verbesserung der Rechtsdurchsetzung in sozialen Netzwerken）」が制定され[(1)]，2018年はじめから本格的な運用がはじまった（以後，この法律を「ネットワーク執行法」と表記する）。

本稿では，まず，この法律の内容や運用状況について概観する。さらにネットワーク執行法の効用だけでなく，限界や問題についても，法律の周辺の状況を整理しながらまとめてみたい。後半は，比較の観点として，スイスと台湾の事例について取り上げてみる。最後に，シンポジウムの質疑応答や議論を通じて考察した問題について言及する。

2 ネットワーク執行法について

2.1 背景

ネット上のヘイトスピーチや偽情報[(2)]の問題は，ネットメディアの誕生とともに存在したといえるが，ドイツでは，とりわけ，2015年前後の難民危機下において，排斥主義的なヘイトスピーチがソーシャルネットワーキングサービス（SNS）上で急増した。

2016年のアメリカ大統領選挙期間中には，偽情報の社会的影響力が深刻に問題視されるようになり，ヘイトスピーチや偽情報への規制をのぞむ声がドイツ国民の間でも強まっていく。例えば，2017月5月に14歳以上の1011人を対象に，社会研究調査機関Forsaが行ったオンラインアンケート調査では，80%の人が，フェイスブックなどのSNS事業者が偽情報（原文では「フェイクニュース」という表記——筆者註）をより迅速に削除しなくてはならなくなるような新しい法律が必要だ，と回答している[(3)]。

このような世論を背景に，ネットワーク執行法が，2017年10月1日に施行され，2018年1月から本格的に運用されることとなった。

2.2 法の概要

この法律は，新たに何かを禁止するものでも，違法行為を定めるものではない。すでに刑法で違法と定められているコンテンツを，SNS事業者が確実・的確に処理するよう促すために制定された法律である。例えば，侮辱罪（刑法185条），悪評の流布罪（186条），不実の誹謗罪（187条），民衆扇動罪（130条1項，2項）に該当するコンテンツが対象となる。

具体的には，ドイツ国内の登録利用者数が200万人以上の営利的SNS事業者に，以下のことを義務づけた[(4)]。

・ドイツの刑法で違法（で処罰の対象）と疑われるコンテンツを，利用者がいつでも報告できるよう，専用の苦情報告サイトを設置する。
・苦情報告を受けた後は，コンテンツを審査し，ドイツの刑法上明らかに違法のものは24時間以内，それ以外の違法情報についても，7日以内に削除，あるいはドイツ

（1）Gesetz zur Verbesserung der Rechtsdurchsetzung in sozialen Netzwerken（Netzwerkdurchsetzungsgesetz - NetzDG），Bundesministerium für Justiz und für Verbraucherschutz, vom 1.9.2017, *Bundesgesetzblatt (BGBl.)* I, S. 3352.
（2）本稿では，経済的な利益や意図的に人々を欺くためにつくりだされ，表示・拡散される偽と証明できる情報や，誤解を招くような情報，正しいと信じられることで意図はされないものの拡散される間違った情報などを区別せず，すべて「偽情報」と表記していく。
（3）Forsa, Umfrage -Fake News-, Auftraggeber: Landesanstalt für Medien NRW（LfM），16.5.2017, S. 6, https://www.lfm-nrw.de/fileadmin/user_upload/Ergebnisbericht_Fake_News.pdf（2021年7月20日閲覧）
（4）法律の詳細については，以下の論文参照。鈴木秀美「ドイツのSNS対策法と表現の自由」『メディア・コミュニケーション』No.68（2018年），抜刷，1-12頁，http://www.mediacom.keio.ac.jp/wp/wp-content/uploads/2018/04/4338829378f9b93f524fb8aeb862933b.pdf（2021年7月20日閲覧）

のIPアドレスをもつ人が閲覧できないようにアクセスをブロックする。

・年間100件以上の苦情報告を受けた対象事業者は，それらをどう処理したかについて，半年ごとに報告書を作成し，作成後一ヶ月以内に，連邦官報及び自身のウェブサイト上で公表する。

・事業者が上記の義務を十分に行っていないと認められた場合は，最高5000万ユーロまでの過料を科す。

2.3 アメリカのトランプ元大統領に対するSNS事業者の具体的な措置との比較

この法律は，アメリカの最近の事例と比較すると，特徴がつかみやすい。

利用者が公開したコンテンツについて免責が認められているアメリカのSNS事業者は，長い間，コンテンツ規制に消極的だった。しかし，2021年1月に議事堂襲撃事件が起きると，暴力を賛美するようなコンテンツが利用規定に違反するとして，ツイッターやフェイスブックなど主要なSNS事業者は，大統領のアカウントを無期限凍結する厳しい措置をとった。

このような措置について，ドイツのメルケル首相は批判している。立法機関である国が規制のルールをきちんと定め，その枠組みのなかで規制すべきであり，一民間企業であるSNS事業者が勝手に判断し規制すべきでないというのが，その理由だった(5)。

ただし，ネットワーク執行法が対象とするのは，刑法で違法とみなされるものに限られ，それ以外のコンテンツについては，ドイツでも，SNS事業者が独自に処理しているのが現状である。

2.4 法律に対する主要な批判点・危惧

この法律は，成立前から国内外で大きく注目され，同時に批判・危惧されてきた。その主要な論点は，以下のようなものである(6)。

2.4.1 オーバーブロッキングになる危険

まず，高額な過料をおそれて，SNS事業者が，安易にコンテンツを削除することになるのではないか，つまり，オーバーブロッキングの傾向が強まるのではないか，という危惧。

2.4.2 審査の質を問題視

一民間企業にすぎないSNS事業者が行う審査では，公平性・正当性が担保されないのではという懸念。

2.4.3 事業者の処理に対する検証体制が不十分

コンテンツ処理に対し異論があっても，利用者が異議をとなえたり，処理を審査するしくみがなく，全般に検証体制が不十分という批判。

2.4.4 ドイツから広がる世界的な影響への危惧

この法律の成立が，世界的なネット上の言論の自由を制限する動きに拍車をかけるといった，世界のほかの国々に望ましくない影響を与えるのではという危惧。

3 ネットワーク執行法の運用状況と新たな潮流

ネットワーク執行法が運用されるようになって3年半が経過したが，実際に，この法律は社会やネット上にどのような効果や影響があったのだろうか。

3.1 苦情の処理状況

違法なコンテンツとして苦情報告されたものの処理状況については，**表1**で概観できる。**表1**は，主要なSNS事業者が受け付けたネットワーク執行法に関わる総苦情件数と，そのなかで実際に処理された苦情，あるいは削除されたコンテンツ（括弧内の％）を示したものである(7)。

苦情件数はツィッターが圧倒的に多い。ツイッターが，現在のドイツにおいて，もっとも頻繁に政治的なコミュニケーション手段として利用されているためであろう。

一方，フェイスブックはほかのSNSに比べ，苦情件数が極端に少ない。これは，事業者独自に定めた利用規定で，すでに大幅に削除している可能性が高いこと，また苦情報告のサイトが，みつけにくく，苦情がだしにくいこと，などが理由と考えられる。

ただし，フェイスブックだけでなく，どこの事業者でも，ネットワーク執行法にそった削除よりも，独自の利用規定に基づいた削除のほうが圧倒的に多い。例えば，ユーチューブが2020年後期，ネットワーク執行法に基づいて削除した件数（3466件）は，利用規約に基づく削除件数

（5）Merkel sieht Twitter-Sperre kritisch. Account von Trump, Tagesschau, Stand: 11.1.2021 um 17:16 Uhr, https://www.tagesschau.de/inland/merkel-trump-twitter-103.html（2021年7月20日閲覧）

（6）このような批判に対する擁護者の反論については，以下の別稿参照。穂鷹知美「フェイクニュースに対する適切な対処法とは——ドイツのネットワーク執行法をめぐる議論」，SYNODOS. Academic Journalism，2018年7月6日，https://synodos.jp/international/21812（2021年7月20日閲覧）

（7）表は筆者が，以下の文献に基づき作成した。Deutscher Bundestag 19. Wahlperiode, „Antwort der Bundesregierung auf die Kleine Anfrage der Abgeordneten Dr. Jürgen Martens, Stephan Thomae, Grigorios Aggelidis, weiterer Abgeordneter und der Fraktion der FDP– Drucksache 19/26398（Drucksache 19/26749）“, 17.2.2021, https://dip21.bundestag.de/dip21/btd/19/267/1926749.pdf（2021年7月20日閲覧）

表1 主要SNS事業者が受け付けたネットワーク執行法に関わる総苦情件数と処理割合（括弧内）

	2018年 1-6月	2018年 7-12月	2019年 1-6月	2019年 7-12月	2020年 1-6月	2020年 7-12月
ツイッター (Twitter)	264 818 (11%)	256 462 (9%)	496 346 (9%)	843 527 (16%)	765 715 (16%)	811 469 (15%)
ユーチューブ (YouTube)	214 827 (27%)	25 0957 (22%)	304 425 (23%)	277 478 (26%)	388 824 (23%)	323 792 (23%)
フェイスブック (Facebook)	886 (25%)	500 (32%)	674 (35%)	3 087 (18%)	4 292 (31%)	4 211 (27%)
ティックトック (Tik Tok)				1 050 (5%)	141 830 (10%)	246 434 (11%)

表2 2020年7月から12月においてユーチューブがドイツ国内でネットワーク執行法と利用規定それぞれに基づいて削除したコンテンツ（ビデオとコメント）の数

コンテンツの種類	ネットワーク執行法に基づく削除件数	利用規約に基づく削除件数
プライバシー侵害	1 176	4 894
名誉毀損・侮辱	957	18 330
不適切・危険な内容	86	12 376
ポルノ関連	38	12 833
テロや違憲内容	161	3 070
ヘイトスピーチ，政治的過激主義	986	28 211
暴力	62	7 634

（ユーチューブの報告書(8)をもとに筆者が作成）

(92244件）の4%分の件数に過ぎない（**表2**）。

事業者によって苦情内容に若干違いはあるが，全般に，苦情は，民衆扇動罪や侮辱罪にあたるとして訴えられているケースが多い。例えば，2020年前期の発表では，ツイッターの76万5717件の苦情報告のうち，一番多い苦情が，民衆扇動（20万926件），フェイスブックでは，苦情4292件のうち，侮辱罪にあたると訴えられたものが一番多く（2330件），民衆扇動罪（1697件）と名誉毀損（1677件）と続いている。ティックトックでも，侮辱罪にあたるとして訴えられていたものが最も多かった（14万1830件）(9)。

3.2 当初の批判・危惧との比較

当初，批判や危惧が大きかったが，実際はどうであろうか。当初の批判や危惧に照らし合わせながら，現状をみてみる。

3.2.1 オーバーブロッキングになる？

まず，政府から独立した調査機関の2019年末の評価(10)や，2020年の調査(11)では，一貫して，オーバーブロッキングは起きていないとする。SNS事業者が，ネット執行法に関連する違反として苦情報告されたコンテンツで，削除されている割合は，多くても3割程度と低い水準であ

(8) „Transparenzbericht, YouTube, Entfernungen von Inhalten nach dem Netzwerkdurchsetzungsgesetz“, Google, https://transparencyreport.google.com/netzdg/youtube?hl=de（2021年7月20日閲覧）
(9) Charlotte Pekel, „Moderationsberichte. Unter dem Netzwerkdurchsetzungsgesetz sind nicht alle gleich“, Netzpolitik, 6.8.2020, um 14:56 Uhr, https://netzpolitik.org/2020/moderationsberichte-unter-dem-netzwerkdurchsetzungsgesetz-sind-nicht-alle-gleich/（2021年7月20日閲覧）
(10) Bericht der Bundesregierung zur Evaluierung des Gesetzes zur Verbesserung der Rechtsdurchsetzung in sozialen Netzwerken (Netzwerkdurchsetzungsgesetz –NetzDG), https://www.bmjv.de/SharedDocs/Downloads/DE/News/PM/090920_Evaluierungsbericht_NetzDG.pdf?__blob=publicationFile（2021年7月20日閲覧）
(11) Deutscher Bundestag 19. Wahlperiode, „Antwort der Bundesregierung auf die Kleine Anfrage der Abgeordneten“

り，これまでネット執行法の苦情をめぐり（削除されたことを不服とする）訴訟がないことが，その主な根拠としてあげられている。

オーバーブロッキングはおきていないという見方は，現在のドイツ社会全体の一致した見解でもある。この法律に強く反対する代表的な政党である「ドイツのための選択肢（AfD）」も，この法律が「恐れていたほどひどいことにはならなかった」と2021年5月の同法改正に関する国会演説で発言しており，オーバーブロッキングが起きていないことを間接的に認めている[12]。

3.2.2 審査の質は問題？

SNS事業者の報告書によると，法律専門家を含む専門スタッフが審査を担当しており，すべて人工知能などではなく，人間が審査・判断している。また，難しい件については，2020年3月から国から認定を受けて設置された自主規制機関に委ねることで，審査の質を担保しているという。

ただし，実際の審査については，現行の報告書は知り得ないことが多く，不透明な点がいまだ多いとされる。

3.2.3 事業者の処理に対する検証体制は不十分？

2021年6月末の法律の改正によって，今後SNS事業者の審査の公平性が高まる効果があると期待されている[13]。

改正により，コンテンツがブロックされた際の異議申し立ての手続きが可能となった。異議が出されたものすべてに対して，SNS事業者は，その内容を検証し，半年ごとの報告書で報告することも義務化された。利用者が訴えやすくなり，また円滑になり，透明性が高くなることで，より審査が公平になると考えられる。

また「研究条項（Forschungsklausel）」が新たにもりこまれ，ヘイトスピーチの拡散のアルゴリズムの傾向などの研究に必要なデータを入手しやすくなる。これにより，苦情処理や審査の仕方についての透明性が全般に高まることも期待されている。

3.2.4 ドイツから世界に大きな影響？

近年，ネット上のコンテンツを規制しようとする動きは世界で活発になってきている。ネットワーク執行法が制定された頃は，規制に猜疑的・消極的な姿勢が強かったEUにおいても[14]，状況が変化している。現実社会での違法行為をEU圏内のすべてネット上にも適用させ，すべての事業者を対象に，違法コンテンツの対応を義務付けるという，デジタル・サービス法の構想が，2020年末に打ち出され，数年後の成立を目指している。

このような潮流にあって，先駆的なドイツの取り組みが，ほかの国々において，どう評価されるかは国により異なるにせよ，注目されているのは間違いないだろう。

3.3 新たな潮流

近年，ネットワーク執行法だけでなく，大手SNS上では，ネットワーク執行法や，SNS独自の利用者規定によるコンテンツの監視を厳しくしていることもあり，大手SNS上で，問題となるようなコンテンツが表示される機会は，大幅に減っている。

その一方，コンテンツの削除やアカウントをブロックされた利用者たちを中心に，規制が少ない新興ソーシャルメディアに移っていく人が急増するという，新たな潮流も生まれてきた[15]。つまり，ソーシャルメディアでのヘイトスピーチや偽情報の発信自体は，場所をかえて継続しており，決して減ったわけではない。

つまり，ネット上の棲み分け・二層化がすすんだということになるが，これにより，新たな懸念事項がでてきた。とりわけ憂慮されることは，筆者には二つあるように思われる。まず，規制の少ない新興ソーシャルメディアで，エコーチェンバー効果や，人的ネットワークが強化され，急進化する危険[16]，もう一つは，異なる意見の人の間でのコミュニケーションがいっそう難しくなる可能性である。

メディア不信についての著書で林は，「ドイツではとくに『統合（Integration）』という言葉が移民・難民政策にも使われてきた。しかし，ならば台頭する右翼を社会にどう『統合』していくのだろうか」[17]と問いかけている。林が言う，ドイツの政治コミュニケーションにおいて「統合」

---

(12) Deutscher Bundestag, Bundestag stimmt Änderung des Netzwerkdurchsetzungsgesetzes zu, 6.5.2021. の Stephan Brandner の演説。https://www.bundestag.de/dokumente/textarchiv/2021/kw18-de-netzwerkdurchsetzungsgesetz-836854（2021年7月20日閲覧）

(13) Regeln gegen Hass im Netz – das Netzwerkdurchsetzungsgesetz, Bundesministerium der Justiz für Verbraucherschutz, 28.6.2021, https://www.bmjv.de/DE/Themen/FokusThemen/NetzDG/NetzDG_node.html（2021年7月20日閲覧）

(14) 穂鷹「フェイクニュースに対する適切な対処法とは」。

(15) 新興ソーシャルメディアは，ヘイトスピーチや偽情報の新たな発信拠点と考えると，問題ととらえられがちだが，ウクライナやロシアでは，自由な発言を保証するメディアとして，反体制勢力の間で最も信頼されているメディアである。穂鷹知美「ドイツのネットワーク執行法で変わったことと変わらないこと――違法なコンテンツの排除はネット上の発言をどう変えたか」SYNODOS. Academic Journalism，2021年4月12日，https://synodos.jp/international/24236（2021年7月20日閲覧）

(16) 例えば，テレグラム上の一見他愛なくみえるマスク着用反対グループのチャットの内容が，過激思想や反ユダヤ主義とつながり，数週間の間で急進化している。David Vogel / Benedikt Hofer, „Maskengegner: Ein Chat artet aus. NZZ Akzent, Podcast“, *Neue Züricher Zeitung*, 23.4.2021, um 5.30 Uhr, https://www.nzz.ch/podcast/telegram-wo-sich-maskengegner-radikalisieren-nzz-akzent-ld.1613477（2021年7月20日閲覧）

(17) 林香里『メディア不信――何が問われているのか』（岩波書店，2017年），224頁。

されるような状況，社会の周辺の極端な意見の人たちも含め，社会の多様な意見の人が交わるコミュニケーションの形をいかに作り出していくのかという問題は，ドイツにおいて，法的規制措置とは別に，今後の重要な課題であるといえよう。

4 比較の視点――スイスと台湾

ネット上のヘイトスピーチや偽情報の問題，また意見の異なる人のコミュニケーションや報道の仕方といった問題は，ドイツに限ったものではない。ドイツのような法規制のない，スイスと台湾では，どのように対処しているのかについて，紹介してみる。

4.1 スイス

スイスでは，2018年，公共放送の受信料義務を廃止し，ほかの民間メディアと同じように，自由競争市場で有料サービスの収入を得ることで運営されるべきかが問われる国民投票が行われた(18)。

結果は，圧倒的多数（71.6%）がこれまで通り受信料による公共放送の安定的な存続を支持した。当時，ネット上で急増する偽情報の政治的影響力や危険性を危惧する風潮が強まっており，国民投票という政治体制を機能させるためにも，公平な報道や多様な意見を報道するメディアが不可欠という，国民多数派による合意形成がなされたといえる(19)。

コロナ危機は，多くの人によって，この時の決断が正しかったことを，奇しくも確信させる機会となった。ほかの国同様スイスでも，陰謀論や不正なコンテンツがネット上に多くでまわったが，他方，公共放送などの伝統的なマスメディアはどこも正確な情報源として高く評価され，それらの消費量も近年にないほど増大した(20)。

その一方，同じマスメディアに対する不満や苦情が，これまでないほど噴出した(21)。とりわけ，コロナ規制に反対する人たちを，いっしょくたにしたような報道に対し苦情・抗議が多く出された。これに対し，マスメディアの質について検証・分析する年報『メディアの質』の編集責任者であるアイゼネッガー（Mark Eisenegger）は，マスメディアが，全般に，少数派の意見を十分とりあげていなかったと認め，社会の溝を深く掘ることも，うめることもできるマスメディアであるからこそ，少数派の意見を十分に取り上げることの重要性を強調している(22)。

メディアの多様性に重きを置く姿勢は，「メディアの質は，公共の論議の質に端的にあらわれる」(23)として，マスメディアの質を観察してきた，メディアクオリティ評価（MQR）においてもよく表れている。メディアクオリティ評価は，スイスの主要なメディアを対象に独立専門機関によって2年に一度行われている，メディアの質をランキングで示すものだが，報道内容や視点の多様性は，分析力などと同様に，重要な評価指針とされている(24)。

ソーシャルメディアにおいても，意見の異なる人のコミュニケーションという点で，最近，進展がみられた。まず，ソーシャルメディアの世界での尊重，共感，透明性を促進させることをうたった，ソーシャルメディアに従事する人向けの初の行動規範が，2021年1月に作成された。この行動規範を作成したのは，非営利団体Conscious Influence Hubで，この団体は，1200人以上のインフルエンサーたちが登録するチューリヒのインフルエンサー仲介会社によって2020年に設立された。

行動規範によって，ネット上のトラブル回避をうながすことだけでなく，インフルエンサーたちが実際，問題に巻き込まれた場合の建設的な解決への働きかけもはじまった。例えば，2021年2月，人気インフルエンサーの一人であるツェキ（Zeki）の同性愛者嫌悪が疑われる言動をめぐり，ネット上の批判が強まった際，ツェキとその批判者を招いた討論会が数回行われるなど，対話や理解を深める活動が展開した。これらの活動により，対立当事者たちの間で歩み寄りがみられたことで，ネット上の批判は下火と

(18) スイスでは，政治制度として国民投票が非常に重視されており，年に約4回ある投票日には，毎回，数件の国政に関わる議題が決議される。
(19) 穂鷹知美「マスメディアの将来――マスメディアを擁護するヨーロッパの三つの動きから考える」『α-SYNODOS』vol.264（2019年6月15日）
(20) 穂鷹知美「コロナ危機とジャーナリズム――ドイツ語圏で普及するポッドキャストというメディアの『ながら』消費」『α-SYNODOS』vol.282（2020年12月15日）
(21) プレス評議会への苦情件数は，前年比で50%増（180件），独立放送苦情処理機関でも，過去30年で最も多い43件の苦情を受け付けた。
(22) Rafael von Matt, „UBI und Presserat. UBI diente auch als «Blitzableiter» im Corona-Jahr“, SRF, News, 22.3.2021, https://www.srf.ch/news/schweiz/ubi-und-presserat-ubi-diente-auch-als-blitzableiter-im-corona-jahr（2021年7月20日閲覧）
(23)「メディアクオリティ評価」を行っているメディアクオリティ・スイス（Medienqualität Schweiz）協会のホームページ冒頭にある一節。https://medienqualitaet-schweiz.ch/index.html（2021年7月20日閲覧）
(24) 穂鷹知美「メディアの質は，その国の議論の質を左右する――スイスではじまった『メディアクオリティ評価』」日本ネット輸出入協会（ホームページ），2018年10月10日，https://jneia.org/181010-2/（2021年7月20日閲覧）

なった(25)。

4.2 台湾の事例

台湾では，2010年代半ばから，公共の目的に沿うよう，デジタルテクノロジーの利用の仕方を工夫，あるいはつくりかえ，利用する試みが活発化している。

例えば，偽情報に対し，速さ，楽しさ，公正さの三つを柱とした，以下のような，ユニークな対策をとっている。

・速さ

すべての省庁が，偽情報対策チームをもうけ，所轄分野に関わる偽情報がでてきた場合，2時間以内に反証する「ナラティブ」（映像や文字から成るコンテンツ）をつくり，ネットに流すことが義務付けられている。

・楽しさ

ナラティブは，「噂にはユーモアを（humor over rumor）」をスローガンに，単に偽情報を打ち消すのではなく，ユーモアを含んだものでなくてはならないとされる。ファクトチェックなどまじめ一辺倒な内容よりも，ユーモアのあるコンテンツのほうが人々に浸透すると考えられているためである(26)。

・公正さ

このほか，SNS事業者と市民が協働するファクトチェック体制もあり，偽情報と判明したものは，SNS事業者の協力を得て，消さずに警告ラベルを貼る処置をしている。削除せず，措置が的確かを，国民自身が判断できるようにすることで，透明性を確保している。

この結果，台湾では，2020年1月の総統・立法委員（国会議員に相当）選挙直前の4日間で，メッセンジャー・アプリのライン上では，14万人のユーザーが，3万件の偽情報を疑われるコンテンツをファクトチェックし，これらを訂正したコンテンツは，400万回以上閲覧された(27)。選挙では，与党・民主進歩党（民進党）の蔡英文が圧勝し，コロナ感染者数も他国に比べ非常に低水準に抑えられていたことなどから，台湾では偽情報の拡散が，最低限に抑えられてきたと考えられる。

「共通点をみつけ，分断ではなく合意を創出することに焦点をあてるかぎり，デジタルテクノロジーは，人々の参加を向上させる最適のもののひとつだ」(28)。これは，台湾のデジタル担当大臣のタン（Audrey Tang）の言葉だが，台湾では，2015年から，政策決定に必要な協議にも，積極的にデジタルテクノロジーを導入してきた。

その中心にあるのが，「ポリス（pol.is）」と呼ばれる，オープンソースのソフトウェアである。ポリスは，従来のコミュニケーション・メディアとは一線を画すユニークなもので，例えば，提示されたトピックについて，イエス，ノー，保留でしか答えられないようになっており，暴言や偽情報の拡散が不可能になっている。また，極端な発言より，多くの人が支持する意見が目立つようにモデレートされることで，参加者たちは，合意しやすいテーマに集中しやすくなり，話し合いの内容も，参加者の関心に合わせて柔軟に変遷していくことを可能にしている。また，参加者の意見データに基づき，参加者の意見の違いを，図式化し表示する。これにより，互いの関係性が一目瞭然となり，エコーチェンバーが発生しなくなる(29)。

ポリスを最初に導入した討論フォラーム「v台湾（vTaiwan）」では，2015年から2018年2月末までに26の議案が扱われたが，そのうち80%が，参加者の8割以上が賛同する結果に到達し，政府に検討を要請する内容として提示された。v台湾の利用者は20万人にとどまるが，ポリスを用いた別のプラットフォーム「ジョイン（Join）」は，現在，台湾人口の約半分に当たる1060万人がこれまで利用し，現在，平均毎日，1万1000人が利用している(30)。

5 おわりにかえて

おわりにかえて，シンポジウムでの質疑応答やパネリスト間の議論を通して考察した問題について言及し，今後の課題や展望についての筆者の意見も若干述べてみたい。

(25) David Saraisn, „Influencern den schlechten Einfluss austreiben“, *Tages-Anzeiger*, 14.5.2021, S. 17.

(26) 例えば，コロナ危機下のトイレットペーパーが不足するという偽情報に対抗し，行政院長（首相に相当）が黒板を使って，買い占める必要がないことを尻をふりながら説明するというユーモラスなアニメ動画が作成され，拡散された。Anne Quito, “Taiwan is using humor as a tool against coronavirus hoaxes”, *Quartz*, 5.6.2020, https://qz.com/1863931/taiwan-is-using-humor-to-quash-coronavirus-fake-news/（2021年7月20日閲覧）

(27) Siddarth, Divya, TAIWAN: GRASSROOTS DIGITAL DEMOCRACY THAT WORKS, RadicalxChange, 22.1.2020, https://www.radicalxchange.org/media/papers/Taiwan_Grassroots_Digital_Democracy_That_Works_V1_DIGITAL_.pdf（2021年7月20日閲覧）

(28) Audrey Tang, “A Strong Democracy Is a Digital Democracy“, *New York Times*, 15.10.2019, https://www.nytimes.com/2019/10/15/opinion/taiwan-digital-democracy.html（2021年7月20日閲覧）

(29) Miller, Carl, “Taiwan is making democracy work again. It's time we paid attention“, *Wired*, 26.11.2019, https://www.wired.co.uk/article/taiwan-democracy-social-media（2021年7月20日閲覧）

(30) 丘美珍「オードリー・タンの新世紀提言——デジタル民主主義が女性と若者を動かす」，nippon.com, 2021年3月1日，https://www.nippon.com/ja/japan-topics/g01033/（2021年7月20日閲覧）

5.1 意見の異なる人々のコミュニケーションは，今後どこで，どのように成立していくのか

この問題に対し，ドイツ国内でも，様々な立場から，また複数の次元で，実験的な試みが行われているが，そのユニークな一例として，「ドイツは話す」というプロジェクトがある(31)。

本稿で取り上げてきた問題群――偽情報，ヘイトスピーチ，エコーチェンバー効果，陰謀論，メディアの多層化・住み分け，伝統的なメディア離れ――などは，とりわけ，ソーシャルメディアまたはマスメディアを介して引き起こされているものだったが，メディアが介在することで，このようなコミュニケーションの齟齬が生じるのなら，一旦，ネットやメディアから離れて，実際に面と向かってコミュニケーション・対話してみるとどうなるだろう。そんな逆手の発想から，ドイツを代表する週刊新聞『ディ・ツァイト（Die Zeit）』の編集者が考案し，生まれたのがこのプロジェクトだった。

2017年に初めて行われ，以後，毎年，ドイツの多様なメディアで参加者を募集し，全国で開催されている。このプロジェクトのしくみは以下のようなものだ。まず，参加希望者は，自身の住所といくつかのテーマについての意見を，イエスとノーから選択し登録する。このデータに基づき，主催者側は，独自のアルゴリズムで，意見が最も異なっている近隣に住む参加者を，参加希望者にそれぞれ一人ずつ見つけだし，対話候補者として提案する。双方が対面を希望した場合，カフェや公園などの近場の公共空間で直接会って，話し合う。

2018年は，前年の2倍以上の2万8千人が参加申し込みをし，最終的に，8470人が9月末の日曜の昼下がり，面会型の対話を全国で実現した。参加者たちの，このプロジェクトへの評価は高く，プロジェクトに参加した人の90％以上が，対話が自分になにかをもたらした，と対話体験後に回答している。意見が異なっていても，対面型の対話では，それがただちに，人々を決裂させ，対話を途切れさせることにならず，なんらかの気づきにつながったということのようだ。

なぜ，それが可能だったのか。対面の場合，単なる対話の内容だけでなく，対峙する相手やその周囲の雰囲気からの多くの印象が加わることで，より相手や相手の意見についての評価が，複合的な見地から行われたためだろうか。これについての学術的な検証とは別に，ここで重要なのは，ネットやメディアを介さない対面型のコミュニケーションを通じて，異なる意見の人から新しい知見が得られた，と参加者の多数が実感できたことであろう。

5.2 メディアと人々の関係を，なにから読み取るか

近年，若者のマスメディア離れが深刻化しているという言説をよくきく。確かに，若者のマスメディアの消費の仕方や消費時間が年々少なくなっているのは事実で，世界的な共通現象となっている。

スイスも，無論その例外ではないが，最近のメディアに関する二つの調査が興味深い結論を示している。一つは，スイスの先述の国民投票において，公共放送支持に投票した人の割合が最も多かったのが，18歳から29歳という最も若い世代であったこと(32)。もう一つは，スイスの若者にとって，最も重要な政治情報ルートとなっているのが，ソーシャルメディアでもマスメディアでもなく，自分たちの親であったことである(33)。

この二つの調査結果をふまえると，従来繰り返されてきた，マスメディア離れという様相とは，少し異なる，若者像が浮かび上がってくるように感じる。確かに若者は自らマスメディアを駆使してニュースにアクセスすることはあまりない。かといって，ソーシャルメディアで入手する情報を主要な情報源としているわけではなく，マスメディアから主に情報を入手していると思われる自分の親たちをより重要な情報源としている。マスメディアへの直接的な関与はないが，親を通して間接的に消費しながら，公共放送のような伝統的なマスメディアをまじめに評価し，その継続・維持に賛成している。

このような若者たちを，「マスメディア離れ」ととらえるのは，適切だろうか。適切でないとすれば，どんな風にとらえることが可能か。

答えは簡単にでそうにないが，マスメディアとの関わり方が，今日，大きく変わってきているため，直接的な消費やその長さで推し量れない関わりかたをする人が増えてきたことは，確かであろう。ある社会現象に対して，見る角

---

(31) このプロジェクトについては，以下の拙稿で詳述した。穂鷹知美「対話プロジェクト『ドイツは話す』――ドイツ社会に提示されたひとつの処方箋」，SYNODOS. Academic Journalism，2019年5月20日，https://synodos.jp/international/22592（2021年7月20日閲覧）

(32) Anke Tresch / Lukas Lauener / Laura Scaperrotta, *VOTO-Studie zur eidgenössischen Volks-abstimmung vom 4. März 2018*, Lausanne / Aarau / Luzern: 2018, https://www.voto.swiss/wp-content/uploads/2018/05/VOTO_Bericht_04.03.2018_DE.pdf（2021年7月20日閲覧）

(33) 2019年の15歳から25歳のスイスに住む若者を対象にした調査では，選挙など政治的情報ルートとして，「自分の親」をあげる人が最も多く，回答者の31％を占めた。easyvote-Politikmonitor 2019, *Klimajugend vs. Sojajugend*, gfs.bern:2020, S. 11-12, https://www.gfsbern.ch/wp-content/uploads/2020/09/193120_sb_easyvote_politikmonitor_final_23_09.pdf（2021年7月20日閲覧）

度や捉える枠組みを変えることで，抽出されるものや，イメージが変化するのは，決してめずらしいことではない。近年，急激に複雑・多様化し，個々人によってそれへの関わり方が非常に異なってきているメディアと人との関係においても，このような傾向が，顕著になってきたということかもしれない。

めまぐるしく変化するデジタル時代のメディアとそこでのコミュニケーションの仕方について，これからも目の前の視界をできるだけ広く保つよう留意しながら，観察をつづけていきたい。

シンポジウム

プロパガンダか，やっつけ仕事か

――メディアの信頼を掘り崩しているのは誰か？

クリストフ・ナイハード
佐藤公紀　訳

1 はじめに

「嘘つきメディア（Lügenpresse）」というドイツ語の侮蔑用語は，アメリカの「フェイクニュース」と似てはいるが，本来はインターネットやソーシャルメディアとは関係ないものである。「嘘つきメディア」という言葉は，かつてはナチスも用いていた，ありふれた誹謗中傷であり，その起源は19世紀にまで遡ることができる。しかし私は，職業ジャーナリストとなってからの最初の20年間（つまり21世紀に入る頃までは），ほとんどこの言葉を聞いたことがなかった。おそらく当時と今では歴史的な文脈が異なるからだろうが，ともかく，それまでこの言葉が直接私に対して，あるいは私が書いた記事に対して投げつけられたことはなかった。私は人一倍論争的な記事を発表してきたのに，である。つまり「嘘つきメディア」という言葉は，第二次世界大戦終結後から1990年代後半まで世間からほとんど忘れ去られてしまっていたのである。

少なくともこれが報道の実務家としての私の認識である。本シンポジウムのパネリストの方々とは違い，私はメディア研究者ではない。私はこれまで40年以上にわたってジャーナリストとして活動してきたが，メディアに関する学術的な研究は一度も行ったことがない。私は大学で獣医学を学び，その後に研究対象をロシアに変更した。私は科学・文化ライターとしてジャーナリストのキャリアを開始し，その後に政治記者として採用されてから30代で外国特派員になった。スカンジナビア諸国や東欧諸国を担当することになった私は，特に共産主義の崩壊を現場で取材するため，しばらくワルシャワに住み，その後8年ほどにわたってモスクワを拠点として活動してきた。そして2002年以来，東京に在住している。

歴史的に見たとき，「嘘つきメディア」という侮蔑用語は，主にリベラルなメディアに対して向けられてきた。実際この言葉は，ここ数十年の間（ソーシャルメディアが出現する以前から）ドイツ右翼の新たな波が現れるたびに再利用されてきた。しかしながら，私が日常の場面でこの言葉を初めて耳にしたのは，主要メディアに対抗する左翼の若者が，私に対して投げつけたときだったのである。

ところで私の経験では，もっとも大胆に自分に嘘をつく者がもっとも早くメディアを「嘘つきメディア」と呼ぶ。ドナルド・トランプ氏が「フェイクニュース」という言葉を使ったことが，その紛れもない証拠である。ナチ・ドイツやトランプ氏がいたホワイトハウス，そしてかつての東ドイツにおいても，「フェイクニュース」を広めたと非難されたのは，多くの場合，社会の周辺グループではなく政府であった。東ドイツでは，その元凶とされたのはもちろん西ドイツのメディアだった。

2 ジャーナリストの目から見た「嘘つきメディア」と「フェイクニュース」

この「嘘つきメディア」問題には，三つの異なる側面がある。一つ目は，「嘘つきメディア」という言葉は通常，政治的な敵対者から（多くの場合は極右から），誠実なメディアもしくは特定のメディアを貶めるために使われる，ということである。二つ目は，何らかの理由でやっつけ仕事をしたり，重大な間違いやミスを犯したり，センセーショナルに報道したり，誇張したり，対立する相手にとっての中心的なテーマを攻撃したりするメディアが，「嘘つきメディア」と呼ばれることがある，ということである。そして三つ目は，「トランプ氏は2020年のアメリカ大統領選挙で勝利した」というようなフェイクニュースを意図的に広めるメディアがある，ということである。こうしたメディアは「嘘つきメディア」とは呼ばれないかもしれないが，ニュースを捏造していることは確かである。以下では，この三つの側面についてそれぞれ見ていきたい。

2.1 誹謗中傷

ジャーナリストは，歓迎されない真実を公表するたびに，「フェイクニュース」を広めたと非難される危険がある。一例を挙げよう。福島第一原子力発電所の事故が発生した数日後，少なくとも原発1基でメルトダウンが起こったことが明らかになった。米軍は，メルトダウンに由来する以外に考えられない放射性同位体を検知した。それから10日ほど経過した後に私が原子力安全・保安院のあるメンバーに対してこの話題を持ち出したとき，その人物は頷いてほぼ私に同意した。しかし日本政府はといえば，1ヶ月以上もの間，海外のメディアはメルトダウンに関する虚偽の報道により「風評被害（harmful rumors）」を引き起こしていると非難し続けたのである。この「風評被害」という言葉は，「フェイクニュース」あるいは「嘘つきメディア」の婉曲的な言い方なのではないか？

また，メディアはある種の記事を報道しないと「嘘つきメディア」と攻撃されることがある。インターネットでは，ビル・ゲイツ氏やアメリカ大統領医療顧問のアンソニー・ファウチ氏や慈善家のジョージ・ソロス氏がCOVID19の大流行の影で大金を稼いでいると主張する記事が散見される。ヨーロッパでこの類の記事をフェイスブックに投稿するのは，極右や反ユダヤ主義の集団である（ソロス氏はユダヤ人である）。もちろん，こうした記事には全く真実味がないので，まともなメディアのなかでこうした話題を取り上げるところはない。しかし，高齢で中産階級のスイス人である私の親戚は，「メディアがこの記事をまったく取り上げていないことこそが，メディアが嘘をついている証拠だ」という。曰く，「ビル・ゲイツたちは共謀して重要なニュースが広まらないよう押さえつけている。もし彼ら全員でそのニュースを押さえつけているなら，そのニュースには何らかの真実が含まれているはずだ」と。

このようにして，誹謗中傷は生まれる。考案された誹謗中傷があまりに度し難いものであっても，それを何度も繰り返せば，そこに何らかの真実があると思う人も出てくる。何百万ものアメリカ人が「選挙に勝利したのはトランプ氏だ。少なくとも，彼はもっと多くの州で勝利したはずだ」と信じているように。

2.2 やっつけ仕事をするメディアが悪いのか，非難する側の言い分が正しいのか？

1970年代，80年代そして90年代に至っても，西ヨーロッパで新聞を発行することは非常に儲かる商売だった。ラジオやテレビは公共サービスであり，競争は限定的なものだった。ジャーナリストは記事の調査や執筆に十分な時間をとることができた。このおかげで，メディアは質を維持し品位を保つことができた。ドイツにも政治的過激派はいたが，ほとんどのメディアは正当にもそれらを周辺的な現象として扱った。

しかし，これが根本的に変わってしまった。放送法は自由化され，民間のラジオ局やテレビ局が世間の注目や広告をめぐって争うようになった。また，インターネットは出版業界のビジネスモデルを打ち砕いた。多くの広告がオンラインに移行し，多くの人々がニュースを無料で読むことを期待するようになった。伝統的な新聞は広告収入や講読料収入を失った結果，縮小する市場をめぐって激しい競争を行わざるを得なくなった。そして，あらゆる新聞社が人員削減を繰り返し，その結果，ジャーナリストたちは，以前よりも低い給料でより早くより多くの仕事をし，より多彩な話題を報道することが求められるようになった（ドイツの新聞では，日本に一度も行ったことのない記者が日本関連記事を書く，といったことなども見受けられる）。

こうしてネットニュースからプレッシャーを受けた結果，伝統的なメディアは配信速度を上げるために質を犠牲にするようになった。今やまともとされてきたメディアでさえ，売上を上げるためにより攻撃的になり，スキャンダルを引き起こし，誤報のリスクを冒すことを厭わなくなっている。すなわち，オンラインのものを含む疑わしい情報源に過度に依存する「中程度リスク・ジャーナリズム（mid-risk journalism）」[1]である。同時に，旧東ドイツ地域はこうした新聞のマーケットとなった。独裁から脱却した旧東ドイツ地域の読者層は，センセーショナルなフェイクニュースを積極的に信じるようになっていったのだ。

大事なことを言い残したが，周辺グループに発言権を与えるソーシャルメディアや，人びとに極端に過激な記事を押し付けるコンピューターのアルゴリズムも，オールドメディアを圧迫している。編集者のなかには，このような記事を批判的に取り上げる必要があるという人もいるが，そうすることでかえって（トランプ氏のツイートのように）これらを宣伝することになってしまいかねない。メディアはこうしたインターネットの普及によって，以前よりももっと偽りの真実性に対する対応に時間を費やす必要に迫られているのである。

さらにこれに加えて，個々のジャーナリスト同士での激しい競争というのがある。たとえば，過去に二人の著名な記者が記事を丸々捏造し[2]，それが『南ドイツ新聞

（1）「中程度リスク・ジャーナリズム」とは，販売部数を上げるために，情報の確かさに重きをおかず，誤報のリスクをある程度許容してまで報道のスピードを優先したり，よりセンセーショナルな話題を追求したりするジャーナリズムのことを指す。［――以下，註は，訳者による補足だが，筆者にも確認済みのものである。］

（2）2000年に，ハリウッドスターを含む複数の有名人に行ったインタビュー記事が捏造や過去のインタビューの再編集だったことが暴露されたスイス人ジャーナリスト，トム・クマー（Tom Kummer）と，2018年に，ドイツの代表的言論誌『シュピーゲル』などに発表してきた複数の記事に事実の捏造があったことが発覚したドイツ人ジャーナリスト，クラース・レロティウス（Claas Relotius）のことを指す。

(Süddeutsche Zeitung)』[3]を含むトップ出版物に掲載されたということがあった。

以上のことすべてが，メディアの信頼を低下させてきたように思われる。メディアはより多くの間違いを犯すようになるとともに，読者はインターネットのおかげで記事のファクトチェックをしたり間違いを見つけたりすることがかつてないほど容易になっている。残念ながら，メディアは信頼を相当失ってしまったと言わざるを得ない。こうした事実があって，人々はメディアのことをたやすく「嘘つきメディア」と呼ぶようになったのである。

2.3　政治的分裂をビジネスの機会として利用するメディア

アメリカのフォックス・ニュースは，トランプ氏の嘘（自身の敗北で終わった2020年のアメリカ大統領選挙を盗まれたものだと主張していることも含めて）を2015年以来ずっと垂れ流してきた。フォックス・ニュースで働く人たち全員がそれを信じているとは思わないが，彼らはトランプ氏のことを流せばテレビの視聴率が上がり，その結果広告収入が増えることを知っている（もちろん政治的な意図を隠し持っている人もいるかもしれないが）。

スイスでは，かつてリベラルな出版物として国際的に評価が高かった『世界週報（Weltwoche)』[4]という週刊誌が，いまではすっかり極右の代弁者へと変わってしまった。2021年1月にワシントンで起きたアメリカ合衆国議会議事堂襲撃事件[5]では，議事堂に乗り込んだ暴動者に理解すら示したのである。こんなことは少し前までは全く考えられなかった。

ヨーロッパでも屈指の古参日刊紙で，最も尊敬を集める新聞の一つである『新チューリヒ新聞（Neue Zürcher Zeitung)』[6]は，ドイツの右翼ポピュリスト政党「ドイツのための選択肢（AfD)」のシンパを，自身の潜在的な読者だとみなしている。同紙は現在，AfDに投票する比較的教養の高い有権者をターゲットにしたドイツ市場向けの有料オンライン版を発行しており，これが非常にうまく行っている。しかし，このオンライン版のAfDに好意的な記事が，スイスに住む古くからの同紙の読者の信頼を損なう可能性があるため，ドイツ国外からはこのオンライン特別版を購読することができないようになっている。

『新チューリヒ新聞』や『世界新報』が流しているのは，必ずしも嘘や「フェイクニュース」ではなく，むしろ「歪曲されたニュース」といえるものだが，それはどのように機能しているのだろうか？　それは，旧ソ連圏のニュースやプロパガンダに少し似ているところがある。かつての東ドイツやソ連では，ある意味ですべてのニュースがプロパガンダだった。東ドイツのメディアは西ドイツの生活についての断片的な事実を集め，それを組み合わせて，誤った（多く場合は，嘘の）イメージを作り出した。東ドイツのテレビは，西ドイツの犯罪，失業，貧困を映した映像を流し，資本主義下の生活がいかに悲惨かを見せつけた。しかし，東ドイツの人たちは誰もそのことを信じなかったし，むしろ西ドイツの実情は周知の事柄であった。その一方，私はモスクワで反体制派の一人からこんな話を聞いたことがある。「共産主義が崩壊してから最もショックだったのは，ソ連が貧しい国であり，アメリカから技術的にはるかに遅れていたことを知らされたことだった」と。ソ連では明らかにプロパガンダが機能していたのだ。そしてドイツでは現在，ある種のタブロイド紙（『ビルト』紙[7]に限らず）が，ドイツに住むムスリム全体が潜在的なテロリストだなどと書き立てている。このような，一部の出版社が過激主義を一つの市場機会として扱っているという事実が，民主主義を危険に晒している。さらにこれがソーシャルメディアと連携することで，社会のさらなる分裂を招いているのである。

以上で挙げた傾向は，すべて憂慮すべきものである。にもかかわらず，それを無視してドイツのメディアを「嘘つきメディア」と呼ぶなら，それは馬鹿げたことだ（もちろんドイツのメディアにも改善すべき点はたくさんあるのだが）。

3　日本

本シンポジウムでは，日本のメディアについても話すよう言われている。私は20年近く日本のメディアを追いかけてきたし，また日本のジャーナリストとも多くの言葉を交わしてきたが，それでも日本のメディアの専門家ではないので，それは簡単なことではない。

前に一度言及した「風評被害」に関しては，日本の政府

(3) ドイツ・バイエルン州ミュンヒェンに本拠を置く1945年創刊の日刊紙。政治的には左派リベラルを志向する。なお，筆者は2007年から2019年まで同紙の日本・韓国担当特派員を務めていた。

(4) 1933年に週刊新聞として創刊され，2002年以降週刊誌として発行されている。発行者・編集長は，保守政党「スイス国民党」所属国民議会議員であるロジャー・ケッペル（Roger Köppel）が務めている。

(5) 2021年1月6日，前年11月に行われたアメリカ合衆国大統領選挙における不正を訴えたドナルド・トランプ大統領（当時）の支持者がアメリカ合衆国議会議事堂を襲撃し，建物内に侵入して議会の議事を妨げた事件。

(6) 1780年に創刊（1821年に現紙名に変更）されたドイツ語圏スイスの代表的新聞。保守的な論調の記事を基調とする。

(7) アクセル・シュプリンガー社が発行する1952年創刊のドイツの日刊タブロイド紙。ドイツ最大の発行部数を誇る。娯楽に富んだ紙面づくりが特徴で，政治的には保守路線に立つ。

関係者が今日もなおあれこれと不満を述べ立てているが，この言葉は「嘘つきメディア」の極めて日本的な言い方であるように私には思われる。また私は，日本の主要メディアが，実際は事実であるにも関わらず政府が「風評被害をもたらしている」とレッテル貼りするようなニュース（たとえば，2011年の福島原発のメルトダウンのように）を取り上げることに消極的だという印象を持っている。

私が外務省の担当職員からくり返し言われてきたのは，私が彼らの気に入らない意見を新聞に載せるのは構わないが，どうか間違った事実は載せないでほしい，ということだった。私は完全にこれに同意するが，しかしその言葉は本当だろうか。一つ例を挙げよう。私はかつて，日本の若年層は，ロシアによって管理されているが，日本が領有権を主張している北方領土の島々の運命については関心がない，と書いたことがあった(8)。そうしたら私は外務省に呼ばれて，それは事実ではないとレクチャーを受けたのである。その外務省職員が私に言うには，実際は日本の若者のほとんど全員が北方領土の島々が日本に返還されることを望んでいる，ということだった。日本政府は明らかにメッセージを統制しようとしている（そうするのが企業であれば，日本だけでなくヨーロッパでも通常なのだが）。そしてそのために，すでに実証済の政治プロパガンダの手法を用いているのである。たとえば，世界の歴史家たちが虚偽だと指摘している事実であっても，それを繰り返し主張すれば，人々は「そこに何らかの真実があるのではないか」と言うようになるだろう。

私は，総理大臣が記者会見をするにあたって，質疑のために一度ならず招かれたことがある。その際，私は自分の質問内容を主催側に事前に告知しなければならなかった。もちろん私は記者会見で質問するだろう。しかし，私の質問がどんなものになるかは，会見前にはわからない。それは総理大臣の冒頭陳述の内容次第なのだから。質問内容を予め伝えなかったときに，私が質疑に呼ばれることはなかった。私の同僚のなかには，総理大臣担当者に事前に告知した内容とは異なる質問をした人もいた。その時の総理大臣だった安倍晋三氏の反応は見ものだった。このように，日本政府は質問の答えをあらかじめ与えるだけでなく，質問自体をコントロールしたいと思っている。そして，メディアの報道内容を振り付けようとしているのである。

麻生太郎氏が総理大臣だった2009年頃は，私たち外国特派員は総理官邸に自由に出入りすることができた。週一回のブリーフィングでは，ドイツと同じように，オフレコ情報も含めてたくさんの背景情報を入手することもできた。野田総理の時代にはこうしたブリーフィングが稀なものになり，第二次安倍政権のときには一度も行われなかった。

日本では，メディアの役割と認識がヨーロッパとは異なっている。欧米の民主主義では，メディアは，立法権，行政権，司法権に並ぶ，第四の権力とみなされている。そして，メディアは他の三つの政府機関を抑制するものと考えられている。このため，アメリカでは合衆国憲法がメディアに特別な権利を保障しているのである。

権威主義体制下では全く事情が異なる。メディアは体制のプロパガンダの道具だからだ。そして，日本は民主主義体制と権威主義体制のあいだのどこかに位置しているように思われる。というのも，公的には日本のメディアは自由であり，日本国憲法は言論の自由を保障している。しかし，政府はメディアを第四の権力ではなく，むしろ自らの権力の基盤となる第四の柱として扱っているからだ。そして日本の主要メディアは，自発的にこの役割に従っているように見えるのである。たとえば，安倍氏は総理時代に定期的にメディアの編集責任者たちを夕食に招き，そのなかには安倍氏とゴルフをする者もいた。彼らが所属するメディアはこの特権を維持するために，安倍氏のスキャンダル，たとえば森友問題や，加計学園が正月休みにどのようにして獣医学部新設の許可を得たのかといったことを真剣に調査しようとしなかった。そうした話題を調査する週刊誌もあるだろうが，そのような雑誌が真面目に受け取られることはほとんどない。

鳩山由紀夫氏が総理大臣だったころは，事情が違っていた。鳩山氏や鳩山政権に関する日本のメディア報道は極めて批判的であり，ときには完全に否定的なものだった。メディアは「いま政権を握っているのは野党だ」と書き続けた（言うまでもなく，そのとき野党だったのは民主党ではなく自民党なのだが）。鳩山政権も菅（直人）政権も，その前の第一次安倍政権や福田政権や麻生政権よりも政権運営が下手だったかもしれないが，メディアは確実に民主党政権をより一層悪く見せることに一役買っていた。私は，日本のメディアは日本の政府に忠実なのではなく自民党政権にのみ忠実なのだ，と結論づけたい思いに駆られている。あるいは，既得権益層（エスタブリッシュメント）に忠実といってもよいかもしれない。

雑誌『月刊FACTA』が2011年にオリンパスの会計スキャンダルを報じたときには，日本の主要メディアは，数カ月後に『ファイナンシャル・タイムズ』が一面で取り上げるまで，この記事を無視し続けた。また似たような話では，朝日新聞の記者たちがある事件についての決定的な記事を書いたにもかかわらず，最終的には新聞への掲載が許

（8）Christoph Neidhart, „Im Niemandsland der Krabbenmafia", *Süddeutsche Zeitung*, 7.6.2009.

可されなかった，という話をオフレコで聞いた。つまりは，それが政府に恥をかかせることになると思われたからだ。

日本のメディアには，諍いを避けるために論争的なニュースを取り扱わない傾向があるのではないか。第一次安倍政権の間，私はNHKのニュース番組が国内政治の話題をスルーしているという印象を持つことが何度もあった。NHKはもっぱらスポーツ，刑事事件，天気，エンターテインメントだけを流す放送局に変わってしまったように思われた。日本のメディアがこのように従順なのは記者クラブのせいだと非難する人もいるが，私はそうは思わない。かつて鳩山政権が記者クラブの廃止を言い出したことがあったが，大手新聞社がそれに耳を傾けようとしなかったことは注意しておかなければならない。要するにメディアは自ら進んで政権に従っているのである。

日本と欧米の新聞を比較することは，ほとんど不可能である。自己認識も異なれば，ビジネスモデルも異なっているからだ。2021年現在の読売新聞の1日の発行部数は717万部，朝日新聞は475万部（10年前は800万部だった），毎日新聞は201万部である。しかし，これら3紙で働く社員たちは自社のコスト削減に不満たらたらだ。10年ほど前，読売新聞の名古屋支局で働いていたある同業者は，経費削減のために自社所有のヘリコプターすら売却しなければならないと文句を言っていた。ヘリコプターを所有すれば，新聞の質が改善されるというのだろうか。そもそも，もし私が『南ドイツ新聞』の自分の同僚に「日本の新聞社は自前のヘリコプターを持っている」と言ったとしても，信じはしないだろう。

『南ドイツ新聞』の現在の発行部数は32万部で，これにオンライン購読の9万部が加わるが，これは朝日新聞の十分の一にも満たない。読売新聞はおよそ2000名の記者を雇用しているが，『南ドイツ新聞』はその十分の一程度である。私は（700万と言わず）100万の購読者からの購読料収入と数千人のジャーナリストのチームがあれば，世界に通用する新聞を作り出すことができると思っている。しかし，記事の本数やサイズばかり気にかけている日本の新聞を見ていると，勤勉なジャーナリストたちは一日中何をしているのだろうかと不思議に思う。もちろん彼らが何時間も一所懸命に働いていることを知ってはいるのだが。

最後に，今回のトピックである「嘘つきメディア」に（間接的にではあるが）関連する事柄について述べておきたい。私は，日本のメディアのプライバシーに対する考え方が理解できない。日本のメディアは，街頭の写真を掲載する場合，個人のプライバシーを守るために顔にモザイクをかける。しかし，もし誰かしらにいったん犯罪容疑がかけられてしまえば，その人物は報道の対象となり，プライバシーに関するあらゆる権利を失ってしまう。顔，住所，職場が全て公開されてしまうからだ。もし誰かがあやまって犯罪の容疑者に仕立てあげられたり誤認逮捕でもされたりしたら，その人のプライバシーはすぐさま暴かれ，その人の名誉は永久に毀損され続けることになるのである。日本ではほとんど誰もこのことを問題視していないようだが，これでは名誉毀損の道具として簡単に悪用されてしまいかねない。

論文

ドイツとオーストリアにおける高大接続改革
――アビトゥーアとマトゥーラをめぐる近年の動向

木戸　裕／栗原麗羅／伊藤実歩子

はじめに

わが国では，今年（2021年）1月から従来の大学入試センター試験に代わり，大学入学共通テストが開始された。この間，いろいろな紆余曲折があったことは周知のとおりである。

ドイツでは，わが国のような個々の大学ごとに行われる入学試験制度は，基本的に採用されていない。大学入学共通テストといったものもない。ギムナジウム最後の2年間の成績と，ギムナジウム卒業時に実施されるアビトゥーア試験の総合成績が一定のレベルに到達した者に対し「大学入学資格」（アビトゥーア，Abitur）を付与する仕組みになっている。

この資格を取得した者は，大学入試を経ることなく，原則としてドイツ国内のどの大学，どの学部にも入学する権利をもつことができるという仕組みが採用されている。この点が，わが国とは異なるドイツの大学入学制度のもっとも大きな特色である。しかしドイツでも大学教育の大衆化が進み，1970年代に入り従来のこうした原則は修正されなければならなくなった。現在ドイツでは，定員に余裕がある限り，アビトゥーア試験に合格し，大学入学資格を取得すれば，希望する大学・学部に入学を許可される。しかし志願者が収容可能数を上回る場合は，アビトゥーア試験の総合成績，大学が設定する独自の基準などにより入学者が決定されている。

オーストリアも，わが国のような大学入試制度が採用されていない点は，ドイツと共通している。オーストリアでは，マトゥーラ（Matura）と呼ばれる後期中等教育資格を取得すれば原則的に希望する大学，学部に入学できる制度が採用されてきた。しかし，現在では，一部の大学，学部ではこれまでの制度を維持できなくなり，入学試験の実施も余儀なくされている。

このように，わが国とは異なる大学入学制度をとる両国であるが，両国とも大学への進学率という面で見ると，マーチン・トロウのいう「マス段階」から「ユニバーサル段階」へと向かっている点など，日本と共通するところも少なくない。

本稿では，ドイツにおいて進行している高大接続改革の動向を，中等教育から見た改革と高等教育から見た改革の両面から論じるとともに，オーストリアの実情も踏まえて，現代における変動する「大学入試」（日本の大学入試とは異なる大学入学システム）の実態を，わが国の状況も念頭において，できる限り幅広い視野のもとで考察してみたい[(1)]。

1 大学入学制度改革をめぐる動向――高等教育改革との関連を含めて

本節では，まず大学入学制度をめぐる論点を紹介する。次にヨーロッパレベルで進行する高等教育改革と，そのなかで高大接続改革と関わる動向を探るとともに，ドイツの高等教育改革のなかで上記の論点はどのように位置づけられるのかを述べる。その上で，ドイツにおける大学入学制度改革の将来の方向性と今後の課題について考察する[(2)]。

（1）本稿は，第37回日本ドイツ学会「フォーラム1：ドイツとオーストリアにおける高大接続改革――アビトゥーアとマトゥーラをめぐる近年の動向」（2021年6月19日）において共同発表した内容と当日の議論をベースにとりまとめたものである。「はじめに」と第1節は木戸裕，第2節は栗原麗羅，第3節は伊藤実歩子，「おわりに」は3名共同で執筆した。

（2）本節と関連する拙著および拙稿は以下の通りである。木戸裕『ドイツ統一・EU統合とグローバリズム――教育の視点からみたその軌跡と課題』（東信堂，2012年）；「ドイツの大学入学法制――ギムナジウム上級段階の履修形態とアビトゥーア試験」国立国会図書館調査立法考査局『外国の立法』No.238（2008年），21−72頁；「ドイツにおける大学準備教育――ギムナジウム上級段階の履修形態とアビトゥーア試験の実際」平成26年度高崎経済大学研究奨励費成果報告書『日本語リテラシーと初年次教育』（研究代表者：名和賢美）（2015年），133−176頁；「ヨーロッパにおける大学入学制度をめぐる諸問題と今後の展望――ドイツの状況を中心にして」平成27年度高崎経済大学特別調査研究成果報告書『日本語リテラシーと大学教育』（研究代表者：名和賢美）（2016年），33−73頁；「ドイツの大学入学制度改革――グローバルな視点から」（特集：比較教育の視点からみた日本の大学入試改革〈論〉）『比較教育学研究』53号（2016年），14−27頁。

記述にあたってはドイツの国内問題としての視点と，ヨーロッパレベルの視点の両面から見ていく。

1.1 大学入学制度改革をめぐる論点

ここでは三つの論点を挙げてみた。

① 「8年制ギムナジウム」か「9年制ギムナジウム」か？

② 連邦共通の統一アビトゥーア試験は可能か？

③ 「第二の教育の道」,「第三の教育の道」を経て「大学入学資格」を取得する者をどのようにして増加させるか？

①について

8年制ギムナジウム（G8）の場合は，大学入学までの年数が12年（基礎学校4年，ギムナジウム8年）。9年制ギムナジウム（G9）の場合は，それが13年になる。大学入学資格であるアビトゥーアを取得するまでの年数は，旧西ドイツでは伝統的に13年であった。一方，旧東ドイツはこの年数は12年であった。統一後は，西は13年（G9），東はブランデンブルク州を除き12年（G8）で，同じ年数とはならなかった。そのなかで，ヨーロッパ各国は12年が主流で，これにあわせてドイツも13年を12年に短縮する方向で改革が進められてきた。しかし現在，ドイツのすべての州がG8ではなく，州によりG8とG9が混在している。同じ州内でも両者が併存しているところもある。8年制に移行したのを，また9年制に戻した州もある(3)。ドイツでは，これらの決定権は州が有している(4)。

②について

アビトゥーア試験は連邦統一試験ではなく，州が実施する試験であり，州により出題される問題は異なる（しかし，合格した者に付与される大学入学資格は全ドイツで有効である）。これを連邦の統一試験にすべきかどうかという論点である。従来多くの州では，試験問題の作成や実施は，各学校（ギムナジウム）が行ってきたが，1990年の東西ドイツの統一や，2001年公表のOECDの「生徒の学習到達度調査」（PISA）でのドイツの成績不振の結果（PISAショック）などをきっかけに，州レベルで統一的に行う中央アビトゥーア（Zentralabitur）方式が導入されるようになった。また数学，ドイツ語，英語で，複数の州の間で共通のアビトゥーア試験問題を使用することも行われている。しかし，連邦共通のアビトゥーア試験の実施には至っていない(5)。

③について

ドイツでは，ギムナジウムを経て大学に進学し，大学卒業者の仕事に就く者と，基幹学校（Hauptschule）から二元制度を経て熟練工の仕事に就く者の歩む道が，中等段階Ⅰでどの学校種類に進学するかによって大きく分かれている点に特色がある。「入学資格別に見た大学入学者」の割合を見ると，学術大学である総合大学に学ぶ学生は，「第一の教育の道」（ギムナジウムを経て大学へと進学するコース）を歩んできた者が圧倒的多数を占めてきた。ギムナジウム以外の学校を経て大学に進学する「第二の教育の道」を歩んできた者は数%，学校ではなく職業訓練等を経て大学に進学する「第三の教育の道」の出身者はわずか1%にすぎなかった(6)。近年ギムナジウム以外のコースを経て大学入学へ至る者は増加しているが，まだその数は多いとはいえない（次節2.2を参照）。

また親が大学卒業者か，非大学卒業者かの違いにより，大学（学士・修士・博士）に進学する者の割合は大きく異なっている。親が非大学卒の場合，基礎学校（小学校）の生徒100人中，大学に入学する者は21人で，残りの79人は大学以外のコースを選択する。学士の修了まで行く者は15人，修士は8人，博士になると1名に過ぎない。これに対し，親が大学卒の場合は100人中74人が大学に入学している。学士の修了者は63人，修士45人で，博士号取得者も10人となっている(7)。

ドイツの教育制度の特色として，三分岐型の教育制度が採用されている点が挙げられるが，そのなかで行われている教育の実態を見ると，このように親の学歴，親の収入，

（3）各州の状況について，詳しくは以下を参照。Abitur nach 12 oder 13 Schuljahren? Die Regelungen der Bundesländer im Überblick. https://www.bpb.de/system/files/dokument_pdf/G8G9_150902.pdf（2021年8月1日閲覧）

（4）なお，生徒も親も9年制を支持する者が多い。Das Ende des achtjährigen Gymnasiums von Ferdinand Knauß, 04. November 2016. を参照。https://www.wiwo.de/erfolg/hochschule/g9-kommt-zurueck-das-ende-des-achtjaehrigen-gymnasiums/14788468.html.（2021年8月1日閲覧）。政党では，SPD（社会民主党）は生徒が，CDU（キリスト教民主同盟）は学校が，G8，G9のどちらを選ぶかを決定できるようにすることが望ましいとしている。緑の党は，生徒の必要に応じてフレキシブルな進路を選択できるようにすべきとしている。左派党とAfD（ドイツのための選択肢）は，9年制ギムナジウムに完全に戻ることを主張している。Abitur in Turbo-Geschwindigkeit. Das wollen die Parteien. を参照。https://www.duda.news/welt/g8-g9-turbo-abitur-was-ist-das/（2021年8月1日閲覧）

（5）詳しくは，DIPF, deutscher bildungsserver を参照。https://www.bildungsserver.de/onlineressource.html?onlineressourcen_id=40996（2021年8月1日閲覧）

（6）Andrä Wolter, Neue Wege der Durchlässigkeit zwischen beruflicher Bildung und Hochschule. https://docplayer.org/6710825-Prof-dr-andrae-wolter-neue-wege-der-durchlaessigkeit-zwischen-beruflicher-bildung-und-hochschule.html（2021年8月1日閲覧）

（7）Stifterverband, *Hochschul-Biludungs-Report 2020 – Jahresbericht 2017/18 – Halbzeitbilanz 2010 bis 2015*, Stifterverband für die Deutsche Wissenschaft e.V., Essen, 2017, S. 12.

移民の背景の有無といった社会的な背景が，子どもの教育状況に色濃く反映されていることがわかる（次節 2.1 も参照)。こうした背景の中で「第二の教育の道」,「第三の教育の道」を経て「大学入学資格」を取得する者をどのようにして増加させるかが大きな課題となっている[(8)]。

1.2 ヨーロッパの高等教育改革とドイツの大学入学制度改革

今日，ドイツの伝統的な大学像は大きな変貌を遂げている。その背景に，ボローニャ・プロセスがある[(9)]。ボローニャ・プロセスでは，大きく次の六つの目標が掲げられている。

① 容易に理解でき，比較可能な学位システムの確立
② 2サイクル（学部／大学院）の大学構造の構築
③ ヨーロッパ単位互換制度（ECTS, European Credit Transfer System）の導入と普及
④ 学生，教員の移動の促進
⑤ ヨーロッパレベルでの高等教育の質保証の推進
⑥ 高等教育におけるヨーロッパ次元(European dimension)の促進

これらの課題を解決し，ヨーロッパのどこの国のどの大学でも共通の学位，資格が得られる「ヨーロッパ高等教育圏（European Higher Education Area, EHEA)」の構築に向けて一連の取り組みを進めていく過程がボローニャ・プロセスと呼ばれている。

ボローニャ・プロセスが展開するなかで，高大接続の課題と関わる動向として，ヨーロッパではヨーロッパ資格枠組み（EQF）が制定され，それに対応する各国の資格枠組み（NQF）が策定されつつある点が挙げられよう。

EQF と NQF の関係を表わしたのが**図 1** である。たとえば，ある国のある資格は，その国の資格枠組みでは「レベル 6」に相当し，それは EQF の「レベル 5」と対応するとする。一方，別の国のある資格は，その国の資格枠組みでは「レベル 6」に相当するが，それは EQF の「レベル 5」に対応するとする。そうすると，ある国のある資格と，別の国のある資格は，ともに EQF の「レベル 5」に相当するということで，両者は同じレベルと見なされるという仕組みである。こうした「ヨーロッパ資格枠組み」と参照可能な「国の資格枠組み」の策定が，EU の教育政策の大きな課題となっている。

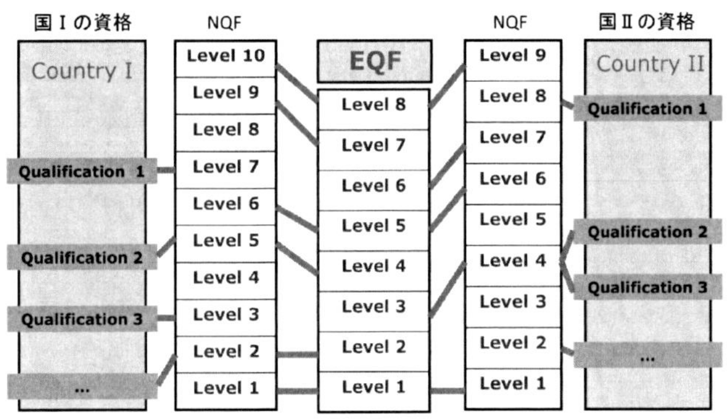

図 1 ヨーロッパ資格枠組みと各国の資格枠組みの関係

（出典）Antje Stephan, *The German Qualifications Framework, Implementation of the European Qualifications Framework in Germany.* https://cupdf.com/document/the-german-qualifications-framework-der-deutsche-qualifikationsrahmen-dqr.html（2021 年 8 月 1 日閲覧）

ドイツの状況を見ると，2013 年 5 月から「ドイツ資格枠組み（DQR)」が導入されている。DQR の策定にあたり，職業訓練，職業教育で獲得した資格と，学校教育で取得した資格のレベルを対応させる作業も関係団体の間で進められた。そのなかで，大学入学資格であるアビトゥーアについては，文部大臣会議（KMK）では「レベル 5」を，経済大臣会議（WMK)，労働関係団体は「レベル 4」を主張し，両者は対立したが，最終的に「レベル 4」とすることで決着した[(10)]。なお「レベル 4」は，二元制の職業訓練（3 年ないし 3 年半の訓練）の修了に相当する[(11)]。

ボローニャ・プロセスと並行して，コペンハーゲン・プロセスと呼ばれるヨーロッパ規模の大きな教育改革が進行している。コペンハーゲン・プロセスは職業教育・職業訓

(8) 職業教育の出身者が大学に入学する場合，大きく次の四つのタイプがある（詳細は各州の大学法等で定められている)。①職業教育の道を歩んだ者を対象として特別に行われる入学試験，②いったん仮入学させ，その後の成績により，正式に入学するかどうかを決める（試験学修)，③マイスターなど特定の職業資格をもつ者に入学を認める。④「才能試験」(Begabtenprüfung）を実施し，これに合格した者に対し，大学入学資格を付与する。Vgl. Sigrun Nickel / Britta Leusing, *Studieren ohne Abitur. Entwicklungspotenziale in Bund und Ländern*, Gütersloh, CHE（Centrum für Hochschulentwicklung), 2009, S. 36.

(9) たとえば，ドイツなど多くのヨーロッパ諸国の大学では，わが国のような学士，修士，博士というように段階化された高等教育の基本構造はこれまで採用されてこなかった。所定の単位を取得して卒業するという単位制度も設けられてこなかった。こうした改革の中心に位置づけられるのがボローニャ・プロセスである。ボローニャ・プロセスについては，木戸『ドイツ統一・EU 統合とグローバリズム』第Ⅱ部第 3 章を参照。ドイツ大学の変貌については，同上書，175 頁以下を参照。

(10) DQR の審議会において，連邦政府，KMK，WMK，ドイツ中央手工業協会（ZDH)，ドイツ労働組合連盟（DGB）などの間で，審議されていた。詳細は，高谷亜由子「ドイツ」文部科学省生涯学習政策局調査企画課（編)『諸外国の教育動向 2011 年度版』(教育調査第 145 集)（2012 年)，142–144 頁；吉留久晴「ドイツにおける職業資格とアビトゥアの同等性確立の葛藤過程――ドイツ資格枠組みの資格参照レベルへの分類をめぐって」鹿児島国際大学『福祉社会学部論集』31（4)（2013 年)，50–67 頁を参照。

(11) Übersicht zugeordneter Qualifikationen/Qualifikationstypen（Stand: 01.08.2021). https://www.dqr.de/media/content/2021_DQR_Liste_der_zugeordneten_Qualifikationen_01082021.pdf（2021 年 9 月 15 日閲覧）

練の領域で，ボローニャ・プロセスと同じゴールを目指して改革を推し進めるものである。将来的にはこの二つのプロセスの統合が考えられている(12)。すなわち，ボローニャ・プロセスでは，ECTSというヨーロッパの大学間の単位互換制度が導入されている。一方，コペンハーゲン・プロセスではECVET（European Credit system for Vocational Education and Training）という職業教育に関するヨーロッパレベルの単位の互換制度が開発されているところである。最終的にこの両者を統合した単位制度，つまり大学教育で付与される単位（ECTS）と職業教育で取得する単位（ECVET）とが，一つに統合された単位となるような「生涯学習のための統合された単位制度（integriertes Leistungspunktesystem für Lebenslanges Lernen）」の構築が進められている。

この「統合された単位制度」の構築にあたり，キーワードとなるのが「ラーニング・アウトカム」（学習成果）という考え方である。ラーニング・アウトカムに重きが置かれるので，それをどこで達成したのかという，学習場所は問われない。モジュール化されたカリキュラムのもとで，それぞれ異なる場所で取得された単位が合算されて，全体としてそれが「大学入学資格」にもつながるという考え方である(13)。

さらに2004年には，オランダのマーストリヒトにヨーロッパ32か国の教育関係大臣が集まり「マーストリヒト・コミュニケ」が採択されている(14)。そこでは，従来のフォーマルな教育にとどまらず，ノンフォーマルな教育，インフォーマルな教育も，何らかの共通の基準と原則を設定することで，こうした「生涯学習のための単位制度」に組み入れ，相互承認して，生涯学習へのアクセスを促進していこうという仕組みづくりも考えられている。

1.3 ドイツの高等教育改革と大学入学制度改革

ここでは，一つはインターナショナルかナショナルか，もう一つは政府の影響力が大きいか，小さいかという尺度から，次の四つのキーワードをもとにドイツの高等教育改革とそのなかでの大学入学制度改革について考えてみたい(15)（図2を参照）。①グローバル化・国際化（Ⅰ），②競争原理（Ⅱ），③文化高権（Kulturhoheit）（Ⅲ），④規制緩和（Ⅳ）。

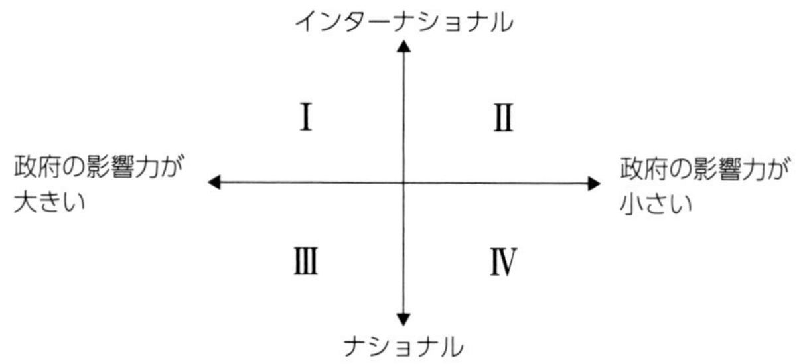

図2 考察のマトリクス（筆者作成）

まず，①のグローバル化・国際化という点では，ヨーロッパ48か国が参加するボローニャ・プロセスというヨーロッパレベルの高等教育改革が進行している（Ⅰ）。

②の競争原理という面からは，従来の「大学間の格差はない」という建前から，政府が特定の大学をピックアップして，その大学に政府資金を重点的に投入する「エクセレンス・イニシアティブ」などの動きがある(16)。その背景には，新自由主義的な考え方にもとづく競争原理を見て取れよう（Ⅱ）。

競争原理は，同時に大学に財政の執行等，その運営にあたっては，大幅な裁量の余地を与える④の規制緩和をもたらしている（Ⅳ）。

このようにグローバル化，国際化が進行するなかで，競争原理が働き，規制緩和が進行しているが，ドイツ教育の特徴として③の「文化高権」という憲法上の原則がある（Ⅲ）。これは教育に関する権限は州が有しているという考え方である(17)。言ってみれば，ドイツの大学改革は，EU，連邦，州のせめぎ合いのなかで進行している。

こうした大きな枠組みのなかで，ドイツの大学入学制度改革を見ると，まず①に対応する流れとして，グローバルスタンダードの追求とそのなかでの「大学入学資格のため

(12) 以下，木戸「ヨーロッパにおける大学入学制度をめぐる諸問題と今後の展望」，67頁以下を参照。
(13) Leistungspunkte in der beruflichen Bildung（ECVET / DECVET）- Weg zu mehr Mobilität, Durchlässigkeit und Gleichwertigkeit? https://www.yumpu.com/de/document/read/30690080/leistungspunkte-in-der-beruflichen-bildung-ecvet-decvet-（2021年8月1日閲覧）；木戸前掲書，第Ⅱ部第3章も参照。
(14) 2004年12月14日。"Maastricht Communiqué on the Future Priorities of Enhanced European Cooperation in Vocational Education and Training（VET）"を参照。https://www.cedefop.europa.eu/files/communique_maastricht_priorities_vet.pdf（2021年8月1日閲覧）
(15) 図2は，OECD「高等教育の将来に関する4つのシナリオ」にあるマトリクスをもとに作成している。https://www.slideshare.net/OECDEDU/oecd-mihaylo-porto-alegre-final（2021年8月1日閲覧）
(16) academics com.　https://www.academics.com/guide/german-excellence-initiative（2021年8月1日閲覧）
(17) ドイツの大学は，主要な大学は州立大学である。文化高権を示す例として，連邦政府が大学授業料は全ドイツ無償とするとした法案を可決したが，これに対し連邦憲法裁判所は違憲の判決を下した。これは大学授業料を無償とするということが違憲というのではなく，大学授業料を有償とするか無償とするかの決定権をもつのは州であり，連邦政府がそれを行うことは違憲であるという判決である（Vgl. Leitsatz zum Urteil des Zweiten Senats vom 26. Januar 2005 - 2 BvF 1/03）。

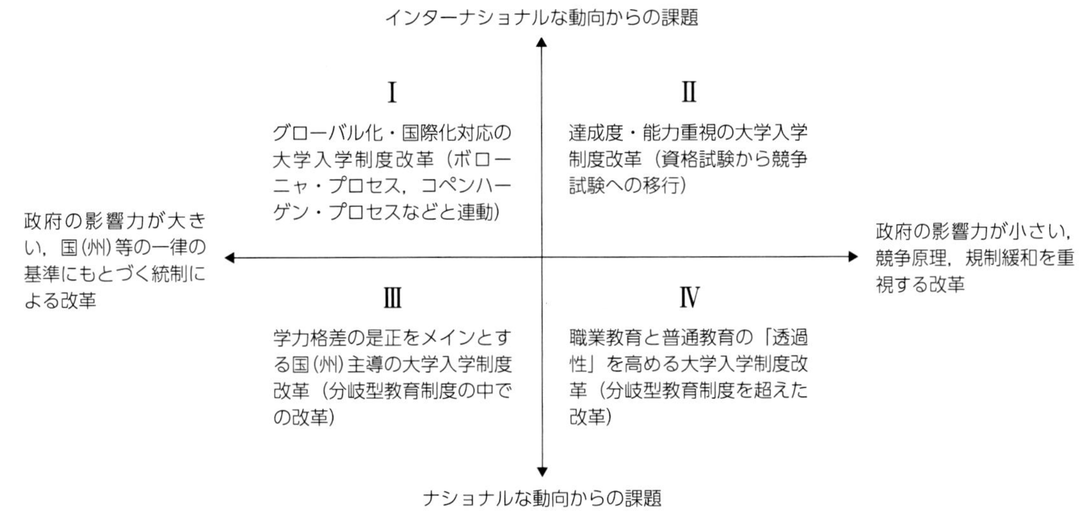

図3　大学入学制度改革の方向性（筆者作成）

の教育スタンダード」の導入（次節2.3を参照），ラーニング・アウトカムの重視とコンピテンシー志向の学力観，それにもとづくアビトゥーア試験の実施といった事柄が挙げられよう[(18)]。

②で言えば，「オープンアドミッションからセレクティブアドミッションへ」という流れを見て取ることができよう。大学進学率が上昇するなかで，大学入学資格をもつ者すべてを希望通り入学させることができなくなっている。その結果「入学制限」を導入しなければならなくなっている[(19)]。

このような流れと並行して，ドイツの場合，③の「文化高権」の原則を無視できない。たとえばギムナジウムの年限をどうするかといった事柄は州法により定められる。アビトゥーア試験に関わる権限は，連邦政府ではなく州政府がもっている。

④の視点で大学入学制度改革を見ると，大学入学資格の取得のために必要な要件を従来のそれよりも緩和し，特定のコース以外の出身者にも広くその道を開放していくという意味で「規制緩和」の方向性が見られる。これまでのギムナジウムを経て大学入学に至る道（第一の教育の道）だけでなく，さまざまなコースを経由しての大学入学を可能とする改革が進められている。「第二の教育の道」「第三の教育の道」を経て「大学入学資格」を取得する道の拡大，「ドイツ資格枠組み」のなかでのアビトゥーアの位置づけ，普通教育と職業教育の間の「相互横断可能性」(Durchlässigkeit) の推進といった取組みは，この範疇に入れられるであろう。

1.4　小括―今後の方向性

以上を踏まえて，「ドイツの大学入学制度改革の方向性」をまとめてみると，**図3**のようになろう。

Ⅰは，ヨーロッパ全域に通用するEU主導の資格付与を目指す方向性である。「ヨーロッパ・バカロレア」のようなものが考えられる。

Ⅱは，アビトゥーアは残しつつも実質的には，各大学主導で実施するわが国のような大学入学者選抜制度へと向かう方向性である。

Ⅲは，連邦共通のアビトゥーア試験実施へと向かう方向性である。現在は州の中央試験として行われているアビトゥーア試験を，連邦の統一試験とする改革である。そうすることで，ドイツ全体の学力レベルの向上を計ろうというものである。

Ⅳは，いわば単位累積型の大学入学資格の取得である。普通教育機関，職業教育機関を問わず，異なる教育機関で取得された単位が合体されて，それが大学入学資格へとつながるというものである。そのなかには，フォーマルな教育だけでなく，ノンフォーマル，インフォーマルな学習で取得した単位も含んだものとするような方向性である。

これらⅠからⅣのどの方向に収斂されていくかはわからない。というよりも，方向性は相互に排他的なものではなく，また互いに排除はできない，異なるシナリオの要素が複雑に交錯したものとなろう。

(18) 次節2.4も参照。コンピテンシーについては，注（37）を参照。
(19) 従来「入学制限」分野の選抜はアビトゥーア試験の成績を中心に行われ，大学が関与する枠はなかった。これに対し，1998年の大学大綱法改正により「各大学の裁量による選抜枠」が設けられた。当初その割合は20%であったが，現在は60%に引き上げられている。このことは，「資格制度」から「選抜制度」への流れと捉えることもできる。

そのなかで，筆者としては，ボローニャ・プロセスとコペンハーゲン・プロセスの統合を目指した「生涯学習のための統合された単位制度」の枠組みを使って，ドイツの大きな教育課題である普通教育と職業教育の間の「相互横断可能性」を拡大していくⅣの方向性の行方に注目している。

2 ドイツにおける大学進学機会の変化とアビトゥーア改革

本節では，ドイツの中等教育から高等教育への接続改革の動向に着目する。具体的には，分岐型学校制度の教育機会格差の解決に向けた大学進学への道の多様化の取り組みと，教育スタンダードの導入や試験問題の共通化といったアビトゥーア改革について取り上げる。

2.1　ドイツの学校制度の概要と課題

ドイツの分岐型学校制度はギムナジウム（Gymnasium），実科学校（Realschule），基幹学校（Hauptschule）の三学校種から成り立ち，生徒一人ひとりの能力や進路希望に応じて異なる教育を提供することが目的である。同制度の問題点として，卒業資格としてアビトゥーア（大学入学資格）を付与するギムナジウムの在籍率が生徒の社会的出自（保護者の所属社会階層や移民背景）によって大きく異なることが明らかにされている[20]。その背景には，教師が付与する進路勧告の内容（ギムナジウム進学可否の判断）が同じ学力を有する生徒であっても，生徒の出身社会階層や移民背景の有無によって異なるという問題が存在する[21]。

問題の原因分析は，これまでフランスの社会学者レイモン・ブードン（Raymond Boudon）の進路決定モデルにおける一次効果および二次効果を基に行われてきた。一次効果とは，生徒の社会的出自や移民背景が，生徒の能力の発展と学業上の成果（成績）に直接影響を及ぼすことである。社会的に不利な階層出身の生徒が低い成績を示す理由として，家庭の文化資本の相違が指摘されている。すなわち，階層特有の学習環境，学習および教育全般に対する保護者の低い評価，能力の獲得に不利に作用する教育姿勢が，進学機会が不利な状況の「遺伝」につながっているのである[22]。二次効果とは，子どもの学業成果や能力には直接関係なく，保護者によって異なる教育への期待および保護者が所属する社会階層特有の決断姿勢に基づいて，子どもの進路決定がなされることである。教育に関する決断は，本来は大部分が保護者によってなされるものであり，しかも家庭の教育観や伝来の価値観，保護者自身の学歴といった背景を基に決断が下される[23]。よって，保護者の学歴と同じ進路を子どもが歩むという，学歴の遺伝傾向が強く認められるのである。また，保護者の教育への期待や学歴が，教師の成績評価や進路勧告の内容に影響を与える可能性も指摘されている。

ドイツにおけるこれまでの研究では，上記の一次および二次効果を中心に進路決定のプロセスが分析されてきた。しかし，移民背景が進路決定に与える影響の研究を行ったGreschは，移民背景を有する生徒の進路決定プロセスの分析には一次および二次効果の二分類では不十分と考え，新たに三次効果の概念を取り入れた。三次効果とは，移民背景が，生徒の学業上の成果（一次効果）および保護者の教育への期待（二次効果）とは関係なく，教師が行う成績評価や進路勧告の判断に影響を与えることである[24]。

上記のような生徒の社会的出自が教育機会に与える影響を低下させるため，客観的な判断基準の策定や進路決定権の学校から保護者への移譲といった進路勧告制度改革が多くの州で行われている。進路勧告制度改革によって，進路勧告に法的拘束力が与えられている州の数は，2007年の（全16州中）9州から2016年には4州まで減少し，学校ではなく保護者が生徒の進路を最終決定できる州が増えている。この改革がもたらした効果の一つは，教師がギムナジウム進学を勧告しなかった生徒も，保護者の判断によって進学できるようになったことである。他方，その問題点は，子どもの能力を過大評価した保護者が，勧告内容に反して子どもをギムナジウムに進学させた結果，子どもが進学後に留年する事例が見られることである。

さらに，分岐型学校制度をめぐっては，保護者の性別役

(20) Jürgen Baumert / Gundel Schümer, „Familiäre Lebensverhältnisse, Bildungsbeteiligung und Kompetenzerwerb“, Deutsches PISA-Konsortium (Hrsg.), *PISA 2000: Basiskompetenzen von Schülerinnen und Schülern im internationalen Vergleich*, Opladen: Leske + Budrich, 2001, S. 355-356, 372-373.

(21) Wilfried Bos / Sabine Hornberg / Karl-Heinz Arnold / Gabriele Faust / Lilian Fried / Eva-Maria Lankes / Knut Schwippert / Irmela Tarelli / Renate Valtin (Hrsg.), *IGLU 2006 – die Grundschule auf dem Prüfstand. Vertiefende Analysen zu Rahmenbedingungen schulischen Lernens*, Münster: Waxmann, 2010, S. 26-27.

(22) David Deißer / Nadine Oeser, *Bessere Bildungsentscheidungen. Wege zum Abbau sozialer Ungleichheit in der Grundschulzeit. Ein Konzept der Vodafone Stiftung Deutschland*, Düsseldorf: Vodafon Stiftung Deutschland, 2010, S. 4.

(23) Ebenda.

(24) Cornelia Gresch, *Der Übergang in die Sekundarstufe I. Leistungsbeurteilung, Bildungsaspiration und rechtlicher Kontext bei Kindern mit Migrationshintergrund*. Wiesbaden: Springer VS, 2012, S. 52-54.

割分業意識による教育の機会喪失の問題を指摘した研究も存在する[25]。これは，娘が教師からギムナジウムへの進学を勧告されたにも関わらず，女の子にはギムナジウムや大学教育は必要ないという保護者の判断によって，娘がギムナジウム以外の学校種に進学させられる事例である。この事例を防ぐために，保護者と教師との面談に力を入れることなどが求められている。

以上の通り，分岐型学校制度をめぐっては，各生徒の能力や進路希望に応じた教育が提供される利点がある一方で，生徒の社会的出自や性別によって適切な教育が受けられない可能性がある。この問題の解決に向け，上述の進路勧告制度改革のほか，総合制学校（Gesamtschule）の増設が一部の州で進められている。総合制学校では，従来の三学校種の卒業資格を提供していることから，生徒の履修コースと成績に応じてアビトゥーアの取得も可能である。次に，大学入学資格取得方法の変化について論じる。

2.2　大学入学資格取得方法の変化

中等教育修了時点で取得可能な大学入学資格は主に二種類存在する。一つ目は，一般大学入学資格（Hochschulreife）であり，すべての大学・専攻への入学が可能となる。ギムナジウムや総合制学校（ギムナジウム上級段階）などの課程を修了し，アビトゥーア試験に合格することで取得できる。二つ目は，専門大学入学資格（Fachhochschulreife）であり，専門大学への入学が可能となる。職業ギムナジウムなど後期中等教育段階で職業教育を行う学校種（一部）の課程を修了し，ファッハアビトゥーア（Fachabitur）試験合格で取得できる。大学入学資格取得者の学校種および資格種別の内訳に着目すると，ここ20年の三つの変化を読み取れる。第一に，同年齢人口における一般大学または専門大学への入学資格取得者の割合が1998年の37％から2018年の51％に上昇した[26]。第二に，（一般・専門）大学入学資格取得者のうち職業学校において一般大学入学資格を取得した者の割合が，1998年の8.4％から2018年には13.1％に微増した[27]。第三に，一般大学入学資格を取得した学校（ギムナジウム，総合制学校）卒業者に占める総合制学校卒業者の割合が1998年の6.3％から2018年の11.4％に上昇した[28]。同年代の（一般・専門）大学入学資格取得者の割合が上昇すると同時に，ギムナジウムではなく職業学校や総合制学校で一般大学入学資格を取得する生徒の割合も上昇していることから，大学入学資格の取得方法の多様化が認められ，大学進学機会格差の是正も期待されている。

2.3　教育スタンダード導入の動き

アビトゥーア取得者の増加や取得の道が多様化する一方で，アビトゥーア試験の内容が州ごとに異なることから，ギムナジウム上級段階の授業内容やアビトゥーア試験のレベルの不均質性が問題になっている。なぜなら，入学者数の制限のある専攻では，アビトゥーア試験の成績が入学許可の判断基準になり，成績によっては卒業後すぐに進学できず，入学の順番を待たなければならないからである。

そこで，まず，アビトゥーア試験の概要を確認したい。試験内容は通例5教科の筆記および口述試験から成り立ち，この試験（300点満点）とギムナジウム最後の2年間の成績（600点満点）の合計900点中300点以上で合格となる。試験の形式は州によって異なり，発展コース（Leistungskurs）または発展的な要求レベル（erhöhtes Anforderungsniveau）で履修した2～3教科の筆記試験（通例はドイツ語，数学，外国語，自然科学から選択，1教科あたり240～300分の論述形式）および基礎コース（Grundkurs）または基礎的な要求レベル（grundlegendes Anforderungsniveau）で履修した0～1教科の筆記試験（180～240分）と1～2教科の口述試験（30分程度）の合わせて5教科の組み合わせである。

アビトゥーア試験成績平均値（2019/20年度）を州別に見ると，平均値が最も高い州と低い州の間で0.51の差が生じている[29]。また，アビトゥーア試験の成績が最高値の1.0であった者の割合（同年度）に関しては，最も高い州で3.2％，最も低い州で0.6％であり，その差は2.6％である[30]。さらに，アビトゥーア試験の不合格者の割合（同年度）についても，最も高い州で6.1％，最も低い州で

(25) Stefanie Weber / Iris Weber, *Auf der Suche nach dem katholischen Arbeitermädchen vom Land. Eine empirische Studie zu Bildungsentscheidungen im Vergleich Stadt-Land*, Norderstedt: Grin Verlag, 2006.

(26) Autorengruppe Bildungsberichterstattung（Hrsg.）, *Bildung in Deutschland 2020. Ein indikatorengestützter Bericht mit einer Analyse zu Bildung in einer digitalisierten Welt*, Bielefeld: W. Bertelsmann Verlag, 2020, S. 183.

(27) Autorengruppe Bildungsberichterstattung（Hrsg.）, *Bildung in Deutschland 2020*, Tab. F2-2web. https://www.bildungsbericht.de/de/bildungsberichte-seit-2006/bildungsbericht-2020/excel-bildungsbericht-2020/f2-anhang.xlsx（2021年8月1日閲覧）

(28) Statistisches Bundesamt（Hrsg.）, *Bildung und Kultur. (Fachserie 11, Reihe 1, Allgemeinbildende Schulen, Schuljahr 1998/99)*. Wiesbaden: Statistisches Bundesamt, 1999, S. 41.; Statistisches Bundesamt（Hrsg.）, *Bildung und Kultur. (Fachserie 11, Reihe 1, Allgemeinbildende Schulen, Schuljahr 2018/19)*. Wiesbaden: Statistisches Bundesamt, 2020, S. 589.

(29) KMK, Abiturnoten 2020 an Gymnasien, integrierten Gesamtschulen und beruflichen Schulen（Schuljahr 2019/20）, 2021. https://www.kmk.org/fileadmin/Dateien/pdf/Statistik/Dokumentationen/Schnellmeldung_Abiturnoten_2020.pdf（2021年8月1日閲覧）

(30) Ebenda.

1.6%と，4.5%の差が存在する(31)。試験の成績や合格率の州間での相違は，生徒の学力層の分布（平均学力）が州ごとに異なる状況のみに起因されているのかという疑問が呈されている。すなわち，州ごとに異なるギムナジウムのカリキュラムや試験問題の形式・内容・レベルも要因ではないかという問題提起である。そこで，アビトゥーア試験の出題基準の全国統一や共通問題の導入が進んでいる。

州間での試験レベルの差を縮めるべく，1975年以降，「アビトゥーア試験統一試験基準（Einheitliche Prüfungsanforderungen in der Abiturprüfung: EPA）」が教科ごとに作成・改訂されてきた。そして2012年にはアビトゥーア試験の内容を規定した「一般大学入学資格教育スタンダード（Bildungsstandards für die Allgemeine Hochschulreife）」がドイツ語，数学，英語，フランス語で導入され（2020年には生物，化学，物理でも導入），本スタンダードを基に作成された共通問題をすべての州で出題する方向で議論が進められている。

ここでドイツ語科の教育スタンダードに着目する。ドイツ語科で習得されうるコンピテンシーは，「①作業に関連するコンピテンシー領域」と「②教科の専門に関わる二つのコンピテンシー領域」の二つに大別され，両領域が常に結び付くとされる。①は言語の四技能のことを指し，「話すことと聞くこと」，「書くこと」，「読むこと」の三区分に分かれる。②は「テキストとメディアを分析する」と「言語と言語使用を省察する」に分類される。前者では，専門知識を用いることを考慮に入れながら，文学的および実用的テキストのほか，舞台演出，オーディオブックおよび映画などを分析することが目指される。また後者では，システムとしての言語および歴史のなかで獲得されたコミュニケーション手段としての言語を分析し，言語に関する知識と意識をコミュニケーションに活用することが目標とされる(32)。

2.4 アビトゥーア試験ドイツ語科の筆記試験の形式と出題意図

これらのコンピテンシーが試験ではどのように測られるのだろうか。次に，アビトゥーア試験ドイツ語科の筆記問題を取り上げる。問題形式は「テキストに関連して書くこと」と「資料に基づいて書くこと」の二つに大別される。「テキストに関連して書くこと」では，与えられたテキストまたは関連する経験，立場，論争を分析するなかで，テキストに関する自身の理解を発展させ，専門的な知識を用いて文章で説明することが問題の中心である。よって，主として文学的あるいは実用的なテキストを分析した結果が生徒の解答として記されるのだが，その内容は生徒自身のコミュニケーションまたは論考の文脈とは結びついていないという課題があった。そこで，2012年の教育スタンダードで新たに導入された問題形式が「資料に基づいて書くこと」であり，既存のテキストの分析にとどまらず，自身のテキストの作成が解答のプロセスに位置づくことが特徴的とされる(33)。

「資料に基づいて書くこと」の出題例として，四つの資料（非識字に関する研究を取り上げたラジオインタビューのスクリプト，研究に関する報道資料，学術テキスト二つ）に基づき「非識字」に関する情報テキスト（説明文）を300分間で作成するという課題がある。作成するテキストは専門的な予備知識を持たない若い成人に向けて書くこととされ，非識字の種類と規模について情報提供すること，非識字の原因と当事者の認知の発達への影響についても説明することが求められる(34)。「資料に基づいて書くこと」の問題の特色は，以下の三点とされる(35)。第一に，膨大なテキスト素材から本質的な情報を選択し，テキスト形成に特有の情報戦略および論証戦略を発揮することが求められるこのような問題は，大学での学修および職業に必要な予備知識として高い重要性を持つこと。第二に，生徒が問題に取り組む際に，学者ではない読み手のために学術的な性質が強いテキストを処理しなければならない点にこの問題の要求の特徴が見られること。第三に，添付資料は包括的に分析することも完全に用いることも求められておらず，生徒自身の立場に応じて場合によっては部分的に用いればよいことから，添付資料が幅広く多様に捉えられるという新しい点があること。これらの出題意図から，ギムナジウムのドイツ語科では，必要な資料（情報）を収集・分析し，相手が求める情報（意見）を伝えるという実生活に即した

(31) Ebenda.

(32) KMK, Bildungsstandards im Fach Deutsch für die Allgemeine Hochschulreife (Beschluss der Kultusministerkonferenz vom 18.10.2012), 2014, S. 13-21. https://www.kmk.org/fileadmin/Dateien/veroeffentlichungen_beschluesse/2012/2012_10_18-Bildungsstandards-Deutsch-Abi.pdf（2021年8月1日閲覧）

(33) Petra Stanat / Michael Becker-Mrotzek / Werner Blum / Bernd Tesch, „Vergleichbarkeit in der Vielfalt. Bildungsstandards der Kultusministerkonferenz für die Allgemeine Hochschulreife“, Jochen Kramer / Marko Neumann / Ulrich Trautwein (Hrsg.), *Abitur und Matura im Wandel. Historische Entwicklungslinien, aktuelle Reformen und ihre Effekte*, Wiesbaden: Springer VS, 2016, S. 39-40.

(34) KMK, Bildungsstandards im Fach Deutsch für die Allgemeine Hochschulreife, S. 108-114.

(35) KMK, Bildungsstandards im Fach Deutsch für die Allgemeine Hochschulreife, S. 115-116.; Stanat / Becker-Mrotzek / Blum / Tesch, „Vergleichbarkeit in der Vielfalt. Bildungsstandards der Kultusministerkonferenz für die Allgemeine Hochschulreife“, S. 39-40.

言語能力および情報活用能力の育成が目指されていることがうかがえる。

2.5 小括

最後に，本節のまとめを行いたい。ドイツでは分岐型学校制度の弊害として，ギムナジウム進学，アビトゥーア取得という進路を経て大学に進学する機会が，生徒の社会的出自によって異なるという問題が指摘され続けてきた。そこで，ギムナジウム進学機会の拡大とともに，ギムナジウム以外の学校種で（専門）アビトゥーアを取得できる進路の設定といった取り組みがなされ，その効果も出てきた。一方で，アビトゥーア試験問題（レベル）の州間格差が問題化され，教育スタンダードや共通問題の導入の動きに至った。

改革の中で，試験で問われる内容にも変化が見られている。統一試験基準（EPA）では，与えられたテキストの解釈，分析を求める問題が中心であったのに対し，教育スタンダードでは，自身の主張に必要な資料を取捨選択し，解釈した資料の内容を基に特定の読者層に向けたテキストを執筆するという問題形式が加えられた。

ギムナジウムおよび大学進学者が増加する中で，アビトゥーア試験の（選抜試験ではなく）資格認定試験としての性質，また論述という問題形式に変化はない一方で，試験問題では各教科の専門的な知識や技能にとどまらず，大学での学修や社会生活に必要な思考力や表現力の様なより汎用的な能力が問われるようになったという変化が認められるのである。

3 オーストリアのマトゥーラ改革——コンピテンシーと文学

本節では，オーストリアにおいて2014年度から実施されたマトゥーラ改革について述べる。この改革では，論文，記述，口述試験すべてコンピテンシーに基づいた試験が行われるようになったが，その背景に2000年から開始されたPISAの影響がある。以下，その具体的な事例として，ドイツ語マトゥーラにおける文学作品の取り扱いをめぐる論争を取り上げる。

3.1 マトゥーラ改革の三本の柱

2014/15年度に，オーストリアのマトゥーラが改革された[(36)]。改革の特徴は三点ある。第一にこれまで原則的に学校で作成・実施してきた試験をコンピテンシー[(37)]に基づいたものにすること，第二に一部教科（ドイツ語／教授言語・数学・外国語）を同一問題・同一日程の記述試験で行うこと，第三に探究型論文を必修化したことである。これによって，マトゥーラの評価基準を客観性のあるものにし，生徒たちの学力の水準を一定に保つことができると考えられた。また，EU内での中等教育修了資格の質保証の枠組みに関わっては，労働市場におけるマトゥーラの位置づけを明確にする狙いもあった。

新しいマトゥーラ試験は，三本の柱から構成されている[(38)]。実施順に①探究型論文，②記述試験，③口述試験である。以下では，②記述試験のなかでも，全国で同一日程・同一内容で実施されるドイツ語試験について検討する。

3.2 マトゥーラに文学は必要か

ドイツ語のマトゥーラはすべて記述で，300語～650語程度のまとまった文章が要求される。試験問題は，テーマが三つ用意され，各テーマは二つの問題から構成されている。受験者は一つのテーマを選択し，その二つの問題を必ず解かなければならない。最近では，最初のテーマは文学・芸術・文化と決まっているが，残りのテーマは年度によって異なる。テーマを概観すると，新聞記事からの抜粋が多い。2020年5月に行われた試験問題を見ると，文学作品は1点のみで，あとはエッセイ1点と新聞記事である（**表1**を参照）。このようにドイツ語マトゥーラは文学のテーマを扱わずに試験を通過することができ，仮に文学を選択しても1点だけということになる。

このようなマトゥーラの現状に対して，マトゥーラに文学は必要かという興味深い論争が2013年にあった。論者

(36) 本節の内容は，すでに上梓した伊藤実歩子「オーストリアのマトゥーラ改革と『PISA型教育改革』」『変動する大学入試——資格か選抜か　ヨーロッパと日本』（大修館書店，2020年），71−97頁および伊藤実歩子「オーストリアの大学入試改革——ドイツ語マトゥーラにおける文学の位置の議論」『立教大学教育学科年報』第64号（2021年），199−208頁に基づき，適宜加筆修正を行っている。

(37) コンピテンシーとは，社会で求められる能力，例えば，職業上の実力や人生における成功を予測する，社会的スキルや動機や人格特性も含めた包括的な資質・能力のことである。田中耕治編著『よくわかる教育課程第2版』（ミネルヴァ書房，2018年），8頁。なお，ドイツ語圏の教育文献では，教育心理学者のヴァイネルト（Franz E. Weinert）による以下の定義が一般的に使用されている。「コンピテンシーとは，ある問題を解決するために，個人が接続可能か，学習可能な認知能力や技能であり，さまざまな状況における問題解決をうまく，責任をもって行うことのできる動機や意欲，社会性や能力のことである」。Franz E. *Weinert, Leistungmessungen in Schulen*, Weinheim: BELTZ, 2001, S. 27-28.

(38) SRDP（Standardisierte Reife- und Diplomprüfung） https://www.matura.gv.at/（2021年8月1日閲覧） マトゥーラの概要や問題文などはすべてこのサイトから入手できる。

表1 ドイツ語マトゥーラの試験問題の一部（2019/20年度）

テーマ１：文学・芸術・文化	テーマ３：観光
課題１：ロベルト・ヴァルザーの『バスタ』を読んで，テキスト解釈をまとめなさい。その際，以下の点を必ず満たしなさい。 □一人称話者がどのように「よい市民」を描いているかを再現しなさい。 □形式や言語形式について分析しなさい。 □「よい市民」像を意味付けなさい。その際，テキストのアイロニーについても言及しなさい。 （540-660語）	**課題１**：コメントをまとめなさい。 状況：若者の雑誌が，旅というテーマでエッセイコンクールを行っています。そのため，あなたは，「観光の限界」というエッセイを書くことにしました。 ドイツの新聞Die Weltに掲載されたUte Müllerによる「Jetzt kommt die Obergrenze für Touristen」という記事を読みなさい。そのうえで，エッセイを，以下の点を含んでまとめなさい。 □テキストに書かれている問題をまとめなさい。 □この問題を導き出した理由を述べなさい □このテキストでとられている措置について意見を述べなさい （270-330語）
課題２：ドイツの週刊新聞Die Zeitのオンライン記事「Lesen, nur lesen!」を読んで，読者の手紙をまとめなさい。その際，次の点を含めなさい。 □筆者の立場を再現しなさい。 □著者が選択した認識を，あなた自身の認識に関連付けて論じなさい。 □あなたの主張を展開しなさい。 （270-330語）	**課題２**：議論をまとめなさい。 新聞記事「Moderne Baupest auf dem Bergen」を読んで，議論をまとめなさい。その際，次の点を含めること。 □アルペン地域の観光の異なる立場をまとめなさい □それぞれの議論を取り上げること □このテーマに関するあなたの立場を論じなさい。 （540-660語）

出典：SRDP（Standardisierte Reife- und Diplomprüfung），Deutsch https://www.matura.gv.at/（2021年8月1日閲覧。訳は伊藤による。）

は，ドイツ語マトゥーラ試験を設計したブルムル（Karl Blüml）と作家のルイス（Gehard Ruiss）である[39]。

PISAショック以降，オーストリアの読解力向上プログラムにも関与していたブルムルは，「(・・・)（新しい――筆者）マトゥーラでチェックすべき能力の一つは，テキストの理解である。これが古いマトゥーラからの変更点である」として，テキストを読解することにマトゥーラの第一義があると主張する。対するルイスは，「文学，架空，想像力，ファンタジーが，文学テキストとして重要である。将来的に（マトゥーラの――筆者）すべての課題にこうした文学テキストが位置付けられるならば，それは大きな進歩である」として，マトゥーラにおける文学固有の意義を主張した。

これに対してブルムルは，「マトゥーラではどのような種類のテキストにも適切に親しむというコンピテンシーが示されており，それゆえどのような文学作品が共通に必要かということは重要ではない」と断言する。こうした考え方をルイスは「文学が機能化され，それによって，マトゥーラの一つの課題に制限されてしまうことを恐れている」とした。それに対して，ブルムルは「ドイツ語教師たちは，子どもたちに文学作品を読むようにこれまで何世代にもわたって導いてきた。しかし，その程度はいつも一定で変わらず，ほかの者たちにとっては，読書や文学は完全にどうでもいいことなのである」と述べて，これまでの文学に偏重したドイツ語教育を批判したのである。

以上の議論からわかることは，新しいマトゥーラは，図表やグラフ，説明文，文学作品などあらゆるテキストの読解が重要とされ設計されているということである。つまり，テキストを分析し，解釈するといった「読解力」を獲得することが，教材の種類や内容よりも重要だということである。

ただし，こうしたドイツ語マトゥーラの文学の位置づけについては，教育省が特別な文書を出している[40]。ここには，ドイツ語の授業やマトゥーラにおいて，文学を軽視しているわけではないことが繰り返し強調されている。例えば，現在では「これまで規定されていなかったマトゥーラの課題の一つに必ず文学が含まれて」いること，あるいは学校ごとに行われている口述試験には必読の文学リストを提示していること，探求型論文のテーマに文学を選択することが可能であることなどをあげ，文学を学習する機会

(39) http://www.literacy.at/interviews/neue-notwendigkeit-fuer-literacy（2021年8月1日閲覧）
(40) SRDP（Standardisierte Reife- und Diplomprüfung） https://www.matura.gv.at/（2021年8月1日閲覧）

は保障されているというのである。しかしながら，この文書は，統一マトゥーラの公式サイトからリンクが張られている先に添付されているもので，やはり追加的なものでしかないだろう。すなわち，マトゥーラにおける文学重視とテキスト読解重視の対立は後者に軍配が上がるということになる。こうした対立は，国語と文学の関係性に固有のものではなく，PISA 以降，教育内容とコンピテンシーをめぐる対立として典型的にみられるようになったものである(41)。

3.3　大学入試の導入――マトゥーラの限界？

オーストリアでマトゥーラ改革が実施されておよそ5年たった2019年夏，ウィーン大学法学部などをはじめとする人文・社会科学系を含む18学科で入学試験が行われた。かねてより人気の学部は入学試験を行ってきたが，ここまで大規模な入学試験の実施は初めてのことである。この間，マトゥーラ取得者は増加の一途にあり，それによって大学入学者が急増し，講義室などに登録した学生を収容できないこと，学生の留年も増加し大学の経営を圧迫することなどが大きな問題になっていたからである。試験は平均2時間，多肢選択問題のみで，ドイツ語と英語，あらかじめ各学部・学科が指定した2冊前後の入門書からの出題，各分野の基本問題や認知テストなどから構成されている。例えば，経済学部では，試験対策としてマトゥーラの数学の問題を復習することを勧めている。

こうした入学試験の対策に，オンライン塾がある。オンラインサポートや対面式の集中講義などのプログラムがある。この塾は，2012年から事業を開始しており，それはマトゥーラ取得者が50％を超えた時期と重なっている。

一方，大学生組合はこうした入学試験の導入について，公平ではなく，社会淘汰的なもので，特に経済的に苦しい家庭の子どもにとっては不利になると強く批判をしている。しかしながら，マトゥーラ取得者は今後も増加することが予想されるため，今後もより多くの大学，より多くの学部・学科に入学試験は拡大されていくだろう。

3.4　日本への示唆

本節のまとめとして，以下の2点を指摘しておきたい。

3.4.1　マトゥーラが全国統一化されることの意味

マトゥーラ改革では，ドイツ語・数学・外国語の記述試験が全国統一化されたことが最大の変更であった。これまで学校ごとに作成されていた試験が，全国で共通化されたことの背景には，マトゥーラ資格取得者の増加に伴い，大学入学予定者の学力の水準を保持し，また一定の学力を持った学生に学士号を取得させなければならないという背景もある。また，試験の統一化という点だけを見ると，オーストリアにおいて，あるいはドイツにおいても同様に，マトゥーラやアビトゥーアの問題を全国共通あるいは州（あるいは複数の州）で統一することは，日本ほどではないものの，試験の手続き的公平性を求める要求の高まりを認めることができるだろう。

しかし一方で，マトゥーラには伝統的な口述試験と今回の改革で新たに導入された探究型論文が，記述試験と同じ重みづけで必修化されている。公平性を担保した統一の記述試験に余儀なくされる一発勝負的な性質が，学校を単位とした日常の学業成績によって補われているとみることもできる。言い換えれば，オーストリアのマトゥーラ制度は，統一化で担保される公平性と，学校や教師の自立性や生徒の日常の学びの姿を（問題を抱えながらもある程度は）両立させているとみることもできる。日本の国公立・私立大学のいわゆる一般入試のように，高校での授業や成績が一切考慮されない大学入試というものは，実はヨーロッパにおいてはまれであることを，わたしたちは再考しなければならない。

3.4.2　PISA やコンピテンシーの影響

本節では，マトゥーラ改革の内実として，共通化されたドイツ語マトゥーラ試験の内容に関して，文学の位置づけをめぐる対立した考え方があることに着目した。この議論で，マトゥーラの文学問題に固有の位置づけを認める考え方に対置されるのは，どのような種類のテキストであれ，それを読解する力を育成する教育のあり方であった。こうした傾向は，コンピテンシーに基づいた教育として，PISA 開始以降の世界的な動向とみなすことができる。PISA が開始されて20年以上が経過した。オーストリアでは，PISA 前後から着手した教育改革も初等から後期中等教育修了時までが完了したことになる。PISA の後に来るものは何か。コンピテンシーに基づいた教育改革の次に来るものは何か。今後も注視していく必要がある。

おわりに

ドイツでは，分岐型学校制度における進学機会格差の改善が試みられるとともに，全国統一の教育スタンダードやアビトゥーア試験の共通問題の導入が進められている。すなわち，ギムナジウムや大学への進学に必要な能力を明確化し，その能力が認められる生徒に対しては，社会的出自や居住州に関係なく進学機会を平等に与えようとする方策が採られているのである。また，アビトゥーア試験の内容も改訂され，ドイツ語科の筆記試験には実生活に必要な思考力や表現力を問う問題形式が追加された。これらの取り

(41) 詳細は，伊藤実歩子「『PISA 型教育改革』と Bildung」『立教大学教育学科年報』第59号（2016年），15-23頁を参照のこと。

組みから，これまで以上に幅広い人材をギムナジウムや大学が受け入れ育成しようとする方針が採られていると考えられる。

オーストリアでは，一部教科の全国統一化やコンピテンシーに基づく試験を実施することでマトゥーラ改革を行った。これは，増加するマトゥーラ取得者の学力を保障すること，また評価の透明性を確保することで，マトゥーラの質を担保するためであった。しかし，一方では，そうした試験によって教科内容が軽視されるという批判があった。加えて，オーストリアの一部大学では，学部学科ごとの選抜試験を導入するところも増加しつつある。中等教育修了資格の改革によって，グローバルあるいは少なくともEU基準に準拠したものにすること，また大学が学生を選抜するというある種の競争原理を導入しつつあることを，オーストリアの高大接続改革の特徴として指摘できるだろう。

ヨーロッパを全体としてみれば，いわばヨーロッパ・ネーションを母国とするヨーロッパ国民を念頭に置いて，学位や職業資格の相互承認など，いろいろな形で，教育における「ヨーロッパ次元」の確立を目指した試みが企てられている。しかし，ヨーロッパ統合から疎外された集団によってかもし出される問題もまた同時進行的に噴出している。移民を背景にもつ人々は，ドイツ全人口の約2割に達している。彼らはPISAの平均点も総じて低くなっている。難民，移民の排除を主張する勢力も徐々に伸張しており，ポピュリズム拡大の傾向も見られる。こうした動きは，オーストリアにおいても見られる。そのなかで，ドイツがこれまで維持してきた分岐型学校制度と大学入学システムについても，「教育の公正」という面からその見直しがせまられている。オーストリアにおいても同じような傾向が見られるようである。

以上のような背景のもとで，改めてドイツとオーストリアの高大接続改革について展望する必要があろう。

【付記】

※栗原の研究はJSPS科研費20K13915の助成を，伊藤の研究はJSPS科研費19K02438の助成を受けたものである。

公募論文

上田萬年との翻訳論争がもたらした日本研究者カール・フローレンツの変化

辻 朋季

1 はじめに

近代国民国家への批判的視座やポストコロニアル批評のもと，西洋近代科学の普遍性や正当性が問い直されるようになって既に四半世紀以上が経つ。この間，人文科学の様々な分野でも，学問史上における知的営為の負の側面に焦点を当てた研究が進んだ。だが日本とドイツのように，権力の非対称性が比較的小さく，友好的関係として捉えられがちな文化間の研究では，こうした自己省察的な学問批判はなお不十分である。

このことは，「ドイツの日本学の父／日本の独文学の父」[1]として，その先駆的役割が肯定的に語られてきたカール・フローレンツ（Karl Adolf Florenz, 1865-1939）にも言える。従来型の実証的な年譜と業績の考証[2]や，日独の学術の仲介者としての評価[3]，晩年の国民社会主義との関係の検証[4]を主とした研究は，アプローチの多様化により近年確かに一定の進展を見せた。北川千香子や田中徳一は，演劇研究の立場から彼の劇詩の翻訳を論じ[5]，大塚奈奈絵や大原敏行，湯川史郎はちりめん本との関わりを書誌学的に調査した[6]。『万葉集』の独訳の一部は，井上さやかが原作の特定と内容比較を行い[7]，釘宮貴子は音楽史研究の側面から，彼の翻訳詩を基にした歌曲の制作過程を明らかにした[8]。ドイツではミヒャエル・ヴァフトゥカが，『日本書紀』研究の具体的記述を分析し，19世紀西洋の文献学や実証研究の影響を読み解いたほか[9]，2008年には，ハンブルク大学の前身である植民地研究所（ドイツ初の日本学科ができた機関）の設立100年を機に，日本学科の批判的回顧もなされた[10]。最近では馬場大介が，19世紀の日独双方の国民文学史記述が主著『日本文学史』に与えた影響を考察しており[11]，これは『日本文学史』の記述内容の本格的分析として一定の意義を有する。だがヴァフトゥカや馬場の研究を除き，フローレンツへの言及は副次的，周縁的であり，彼を主対象とした2人の著書も，その研究活動の背後に見え隠れする権力関係への批判的考察には乏

（1）檜山正子「日独文化交流を支えた人々 第23回 東京帝国大学教授カール・フロレンツ 独文学科および日本学科の父」『かけ橋』第571号（2003年），4-5頁。

（2）佐藤マサ子『カール・フローレンツの日本研究』（春秋社，1995年）。

（3）Roland Schneider, „Karl Florenz (1865-1939), der Begründer der deutschen Japanologie“, *Kulturvermittler zwischen Japan und Deutschland. Biographische Skizzen aus vier Jahrhunderten*, Frankfurt/M: Campus Verlag, 1990, S. 149-161.

（4）Herbert Worm, „War Karl Florenz ein Verehrer Adolf Hitlers? Eine deutsche Preisverleihung in Tokyo“, *Nachrichten der Gesellschaft für Natur- und Völkerkunde Ostasiens*, Bd. 144, 1988, S. 29-49.

（5）北川千香子「ドイツ語圏の二つの『寺子屋』オペラ再発見」『文学』第13号（2012年），194-200頁；田中徳一『ドイツの歌舞伎とブレヒト劇』（えにし書房，2015年）。

（6）大塚奈奈絵「テラコヤ（寺子屋）――「日本」を発信した長谷川武次郎の出版」『国立国会図書館月報』第604・605号（2011年），4-17頁；大原敏行『明治長編詩歌 孝女白菊――井上哲次郎・落合直文から ちりめん本，鴎外，画の世界まで（三省堂書店，2015年）；湯川史郎「放送大学附属図書館所蔵「ちりめん本コレクション」調査ノート――メディア史の視点から」『放送大学研究年報』第37号（2020年），119-132頁。

（7）井上さやか「『万葉集』と欧文挿絵本――その今日的意義について」『万葉古代学研究所年報』第8号（2010年），23-36頁。

（8）釘宮貴子「1880年代から1900年代のドイツ・オーストリアにおける音楽のジャポニスム――日本の旋律と詩歌による音楽作品」『ジャポニスム研究』40号（2020年），73-86頁。

（9）Michael Wachutka, *Historical Reality or Metaphoric Expression?. Culturally formed contrasts in Karl Florenz' and Iida Takesato's interpretations of Japanese mythology*, Lit Verlag, 2001. 同書の2-7頁には，1980年代以降のドイツの日本学における学問史研究の展開が要約されている。

（10）Jörg Quenzer, „Zur Geschichte der Abteilung für Sprache und Kultur Japans“, *Vom Kolonialinstitut zum Asien-Afrika-Institut*, Gossenberg: Ostasien Verlag, 2008, S. 31-51.

（11）馬場大介『近代日本文学史記述のハイブリッドな一起源――カール・フローレンツ『日本文学史』における日独の学術文化接触』（三元社，2020年）。

しい[12]。例えば馬場は，『日本文学史』の記述のハイブリッド性を論じながら，この概念を提唱したホミ・バーバ（Homi K. Bhabha, 1949-）の理論的枠組みを十分援用できておらず[13]，例えば異種混淆性の中に植民地主義の権威を揺さぶる不安定要素を読み込み，文学史記述の不整合性に「権力の生産性のしるし」を見るには至っていない[14]。そのため，芳賀矢一（1867-1927）ら国学者の日本文学認識や，ヴィルヘルム・シェーラー（Wilhelm Scherer, 1841-1886）の国民文学史観が，『日本文学史』のどこにどう反映されているか，個別の影響関係を解明する域を出ていない。だがより重要なのは，フローレンツの記述の揺らぎの背後に，権力の非対称性やせめぎあい，日本への評価の両義性，研究の進展や人的交流を通した認識の変化を読み解き，ドイツの日本学のポテンシャルと限界など，功罪両面を多角的に検証することではないだろうか。

この問題意識にとって示唆的なのが，高田里恵子による日本の独文学（者）への批判的回顧である[15]。初期の日本の独文学を「横のものを縦にしているだけ」[16]と見る高田は，日本学者ながら独文学を教授し得たフローレンツを「幸せな人」と形容し，西洋近代知を日本に移植するだけで独文学者として振舞い得た彼の特権性にも言及している。この指摘は彼の日本研究姿勢を問い直す上で重要である。拙稿でも指摘したように，彼は実際，特に来日後の初期には，いわば「縦のものを横に」する形で日本研究業績を量産しており[17]，西洋科学の方法論の優位性に自覚的であったことが窺えるからである。

この態度を疑問視したのが，同時代の国語学者，上田萬年（1867-1937）であり，彼がフローレンツによる日本詩歌の独訳に異議を唱えたことで，1895（明治28）年に両者の間で翻訳をめぐる論争が起きている。筆者はこの論争を分析し，フローレンツが論争の過程で，無意識の日本蔑視の態度を顕在化させていったと論じたことがあるが[18]，本論文では論争の「その後」に注目する。この論争は，彼の日本への態度をどう変えた（変えなかった）のか，その後の研究・翻訳にいかなる影響を及ぼしたのかを，以下では，論争の発端となった翻訳詩集の重版に際し追加された「序言」を手がかりに考察する。加えて翻訳詩集と『日本文学史』における独訳の具体的な比較により，彼の翻訳に対する立場の揺らぎも検証してゆく。

2 翻訳論争の経緯と，その評価をめぐって

1894（明治27）年8月，フローレンツは，主に『万葉集』や『古今和歌集』から詩歌を選出して独訳し，詩集『東方からの詩人たちの挨拶――日本の詩歌[19]』（以下『詩人たちの挨拶』と略）を上梓したが，翌1895年，同年創刊の文芸評論誌『帝國文學[20]』誌上において，その翻訳のあり方をめぐり上田との間で激しい論争（以下「翻訳論争」と略）を繰り広げた。以下，「（日本で：引用者）最初の比較文学論争[21]」とも呼ばれるこの論争の概略を，いずれも『帝國文學』第1号に掲載された両者の主張を要約して示す。

(1) 上田の批評[22]：第1号（以下同じ）第2巻で上田は，『詩人たちの挨拶』の出版により日本の優れた詩が西洋に紹介されたことを歓迎する一方，短歌，発句などを西洋の抒情

(12) 馬場の著作の特に第一章には，フローレンツの生涯と業績，ハンブルク植民地研究所との関わりについて，先行研究を十分参照せず論を急いだ箇所が多い。特に，フローレンツが日本学教授の立場から「ドイツの植民地支配を正当化し」「大学制度の中で地歩を固めていった」（馬場『近代日本文学史記述』，43頁）との記述は，事実誤認である上に解釈も短絡的である。植民地研究所については以下の論考も参照。辻朋季「植民地学としての日本学？――ドイツにおける日本学の成立100周年に寄せて」『ヘルダー研究』第20号（2014年），47-73頁。

(13) 馬場は「ハイブリッド」概念を「日本とドイツ語圏の学術文化の要素が混ざり合い変形していく知的なあり様」（馬場『近代日本文学史記述』，13頁）と定義するが，ここにはバーバの理論の核である，既存の権力を否認し，書き換え，価値を逆転するポテンシャルとしての「異種混淆性」は放棄されている。バーバ自身の「ハイブリッド」概念は以下を参照：Homi K. Bhabha: *The Location of Culture*, London: Routledge, 1994.〔ホミ・K・バーバ（本橋哲也ほか訳）『文化の場所――ポストコロニアリズム位相』新装版（法政大学出版局，2012年）〕。

(14) この点，特にバーバ『文化の場所』，190-200頁を参照。

(15) 高田里恵子『失われたものを数えて――書物愛憎』（河出書房新社，2011年），特に13-41頁。

(16) 高田『失われたものを数えて』，31頁。なお高田の引用元は中野孝次『真夜中の手紙』で，中野孝次『生のなかば』（講談社，1986年），111-175頁に収録（引用は132頁）。

(17) 辻朋季「カール・フローレンツの初期日本研究をめぐって」，*Rhodus: Zeitschrift für Germanistik*，第25号（2009年），119-138頁。

(18) 辻朋季「上田萬年との翻訳論争（1895年）に見るカール・フローレンツの西洋中心主義」『論叢現代語・現代文化』第3号（2009年），65-90頁。

(19) Karl Florenz, *Dichtergrüsse aus dem Osten. Japanische Dichtungen*, Leipzig/Tokyo: C.F.Amelang/Hasegawa, 1894.

(20) 1894年11月，帝国大学文科大学の学生・卒業生・教官180余名が，国民の精神的支柱となるべき「国民文学」の創造を旗印に「帝國文學會」を組織し，翌年1月から月刊誌『帝國文學』を刊行した。会の設立は文科大学の学生が主導，同誌の編集も主に学生役員が行った。品田悦一『万葉集の発明――国民国家と文化装置としての古典』（新曜社，2019年），137-138頁。

(21) 千葉宣一『モダニズムの比較文学的研究』（おうふう，1998年），265頁。

(22) 上田萬年「批評 Dichtergrüsse aus dem Osten. ドクトル・フローレンツ譯」『帝國文學』第1号第2巻（1895年2月），98-99頁。

詩の形式に改変したのでは「あまりに原作が可愛想」であり，「かかる短句の翻譯は，二行位にてなにとか工夫のつかざる者か,敢て東西の識者に問ひ奉る」と問題提起した。その際，独訳された2作品を日本語に反訳し，原作と翻訳の乖離を示そうとした(23)。

(2) フローレンツの反論(24)：彼は第3巻に長文の反論を掲載し，翻訳に際しては語句や詩形の移植は重要でなく，原文の味わいを翻訳語の読者に伝えることが肝要だとした。反対に字義通りの翻訳が原作の精神を損なうこともあると，ゲーテ（Johann Wolfgang von Goethe, 1749−1832）の翻訳論を根拠に述べ，語句や詩形にこだわることに否定的見解を示した。訳文と原文の一致とは，形式上の一致ではなく詩的妙味の一致であるとする彼は，（西洋では詩と見做されない）短句形式の日本詩歌を，西洋の批評家に抒情詩として認めてもらうべく敢えて形式を改変したと主張した。

(3) 上田の反論(25)：第5巻で上田は，フローレンツが発句や狂句を「真正の抒情詩」と定義したのに対し，これらは「日本独自に発達せる俳諧発句」だと反論，またフローレンツが原作者や各時代の文学的思潮に関する知識の乏しい点も問題視し，「表面のみより其句を解釋して，其解釋上に多少の面白味を見出したりとて，それを以て直に何々詩なりなど論斷するに至りては，ゲーテは知らず（…）日本普通の人間は毫も賛成致さざる」と批判した。

(4) フローレンツの再反論(26)：第7巻において彼は，俳諧発句を日本特有のジャンルとした上田に対し，これらの短詩は叙事詩でも劇詩でもない以上（韻文の三分類により）抒情詩としか定義しようがないと反論した。その上で，日本の詩が抒情詩として認められ，高尚な文学と認知されるには形式の変更はやむをえない，と自らの正当性を改めて訴えた。

(5) 上田の再反論(27)：上田は第9巻において，フローレンツが詩集の副題を「翻訳された（übersetzt）」ではなく「翻案された・詩情を移植した（übertragen）」としながら，ゲーテの「翻訳」論を自説の正当性の根拠としている，と立場のぶれを批判した。またフローレンツが別の原稿において，尾崎紅葉（紅葉山人（こうようさんじん））を「もみぢやまびと」，幸田露伴を「伴幸太郎」と誤記している点にも言及し，彼の読解力や日本文学への知識に疑問を呈した。

上田の再反論の後，『帝國文學』第10巻以降には関連する投稿はなく，論争は少なくとも文芸誌上では終結したかに見える。この論争を佐藤マサ子は，日本人が日本詩歌を客観的に捉える契機となったと意義付ける一方，上田が次第に感情論に走ったと評し(28)，千葉宣一も，フローレンツの日本文学への関心が普遍的要素に向けられる一方，上田は「徒らに嫌悪と焦燥に満ちた私的感情を露呈するのみ」で，論争は「多くの教訓を残したわけではない」としている(29)。だが，こうした評価は妥当なのだろうか。

もちろん，日本独自の俳諧発句を標榜し，西洋との比較や類似を拒もうとした上田には国家主義的側面も指摘できるし，日本詩歌を西洋に認知させようと敢えて形式を改変し翻訳した，フローレンツのある種の善意や配慮も指摘できる(30)。だが論争では必ずしもフローレンツが優位にあっ

---

(23)『詩人たちの挨拶』でフローレンツは，荒木田守武（1473−1549）の発句「落花枝にかへると見れば蝴蝶かな」を Augentäuschung と題し Wie? schwebt die Blüte, die eben fiel, / Schon wieder zum Zweig am Baum zurück? / Das wäre fürwahr ein seltsam Ding! / Ich näherte mich und schärfte den Blick — / Da fand ich — es war nur ein Schmetterling. と独訳（Florenz, *Dichtergrüsse*, S. 41），これを上田は「見まちがひ」と題し「なにたった今散ッた花がもう一度木の枝に飛び歸ッたとか。ほんとにさうならまこと不思議だ。なんだ近くへ行つて眼を鋭くして見たら，ハヽア，たった一疋の蝶々だった。」と反訳した（上田「批評」，98頁）。また作者不詳の狂句「もる家根を三年なほさぬ馬鹿孔子」は Der misverstandene Konfucius の題で Drei Jahre soll ein pflichtgetreuer Sohn / Sagt Kōshi, um den Vater Trauer tragen / Und während dieser Frist nichts Neues wagen. / Doch wollt' er nicht, so glaub' ich fest, / Dass dieser Narr drei Jahre lang / Sein Dach nicht reparieren lässt! と訳されたが（Florenz, *Dichtergrüsse*, S. 66），これを上田は「誤解された孔子」の名で「孝行な息子は，三年の間父の喪に服して，其間は何事も新しき事はせぬがよいと，孔子様はいはれたが，志かし孔子様だとて，このお馬鹿さんの様に，三年の永い月日を，屋根もなほさないでよいとは，のたまはなんだらうと，おれは慥に思ふ」と反訳した（上田「批評」，98−99頁）。この狂句の出典は，岸上操（撰）『古今狂歌狂句集』（博文舘，1891年），340頁（時代区分は「安政以後慶應時代」）。但し上田は「批評」においてこの句を「もる屋根を」と記している。

(24) カ・ア・フローレンツ「日本詩歌の精神と歐洲詩歌の精神との比較考」『帝國文學』第1号第3巻（1895年3月），1−17頁。

(25) 上田萬年「フローレンツ先生の和歐詩歌比較考を讀む」『帝國文學』第1号第5巻（1895年5月），51−59頁。

(26) カ・ア・フローレンツ「上田文學士に答ふ」『帝國文學』第1号第7巻（1895年7月），69−76頁。

(27) 上田萬年「再びフローレンツ先生に答ふ」『帝國文學』第1号第9巻（1895年9月），72−76頁。

(28) 佐藤『カール・フローレンツの日本研究』，70頁，220頁。

(29) 千葉『モダニズムの比較文学的研究』，271−272頁。

(30) 翻訳論争でフローレンツは，ゲーテの『西東詩集』での翻訳論に依拠し，文学作品の翻訳を3種類に類型化する。それは①語句を置き換えた散文調の翻訳（但し詩的な情趣は消失），②原作の文化的状況に身を置きながらの目的言語への翻訳（原作の特徴が破壊されるため，再現が困難），③原作と訳文の一致を期する，原作の代用としての翻訳で，この第三の方法を最良の翻訳と見る。ゲーテの援用が適切がどうかは検討を要するが，フローレンツは目的言語の文化的コンテキストにおける詩情の再現を重視していたと言える。他方で彼は，上田の要求を第一・第二の翻訳法と捉えて反駁していたことになり，ここに論争時の立場のずれが生じたと言える。フローレンツ「日本詩歌の精神と歐洲詩歌の精神との比較考」，3−5頁；Johann Wolfgang von Goethe, *West-östlicher Divan*,

たのではない。なぜなら西洋の文学的規範に全面的に依拠した彼の議論は，西洋の評価軸の優位性を前提としなければ維持されえなかったからである。実際に彼は論争中，上田という異文化の他者の声に耳を傾けず，ゲーテの翻訳論をいわば金科玉条として，上田を論駁するため再三引用した。それにより彼は論争の進展とともに，本来高く評価していたはずの日本詩歌を過小評価する結果となった(31)。

とはいえ本論文は，双方の主張の優劣や論争の勝敗を論じるものではない。また，どの形式の翻訳が望ましいかについても，翻訳の持つ様々な忠実さを考慮すると一義的には判断できない。目的言語（翻訳先言語）の読者やその文学規範に忠実であろうとすればフローレンツの主張に理があるが，原作の形式への忠実さを重視すれば上田の批判も正鵠を射ている。この点を見過ごし，フローレンツを論争の勝者とすると，彼が拠って立つ西洋の基準とその規範性を無批判に内面化することになり，注意が必要である。そこで本論文では，論争そのものへの評価を一旦保留し，むしろ「論争後」のフローレンツの動きに着目する。そして，論争を経て彼の研究や日本観に変化が生じたのか，またそこに論争の影響が見られるかどうかを考察することとする。

3 論争後に『詩人たちの挨拶』に追加された序言

既述の通り，翻訳論争は，『帝國文学』誌上では1895年9月の第1号第9巻をもって終了している。だがここで見過ごせないのは，論争の発端となった詩集の重版に際し，フローレンツが序言を追加していた事実である。

1894年の初版発行以来，『詩人たちの挨拶』の売り上げは好調で，1914（大正3）年の第15版まで版を重ねたうえ，英国人で米国聖公会内外伝道協会の宣教師，アーサー・ロイド（Arthur Lloyd, 1852−1911(32)）による英語への重訳（独訳詩集の英語への再翻訳）も1896（明治29）年に出版されている(33)。『詩人たちの挨拶』の全15版について，筆者がこれまでに確認できた版を比較してみると，その内容には微妙な違いが認められる。特筆すべきは，第2版以降の各版に，初版にはない序言が加わった点である。以下，この点を中心に改版時の主な変更点をまとめてみる(34)。

・初版：印刷・発行日の記載は「明治廿七年八月十五日印刷同二十日發行」。序言なし。
・第2版：序言（VORWORT）が新たに加わる。その末尾には「東京にて，1895年1月に　カール・フローレンツ」の記載（1895年の記載はこの版のみ）。その他の箇所は，奥付の印刷・発行日の記載も含め初版と同一。
・第3版：表紙に「第3版」，タイトル頁に「改訂第3版（Dritte Verbesserte Auflage）」の記載。奥付直前の最終頁（98頁）の内容が，第2版までの広告「日本帝國大学教師　獨乙帝國文學博士　カール，フロレンツ纂譯　和歌集」から，作中の挿絵の作者の紹介に差し替えられた。序言の冒頭は「改訂第3版への序言（VORWORT ZUR DRITTEN AUFLAGE）」に，末尾は「東京にて，1896年1月に　カール・フローレンツ」に変更され，挿絵の作者に関する記述も第2版から一部修正されている。奥付の印刷・発行日の記載は初版のまま。
・第4版から第7版（第5版は未確認(35)）：箱，表紙，タイトル頁に版の記載（例えば第4版は「VIERTE AUFLAGE」(36)）。序言の冒頭は「VORWORT」のみの記載に戻ったが，内容は第3版と同一。奥付の印刷・発行日は初版と変わらず。
・第8版以降（第9版，第10版は未確認）：箱，表紙，タイトル頁の記載は第4版以降と同じだが，第8版で初めて，奥付に改版の印刷・発行日の記載が加わり「明治二十七年八月二十日第一版發行／同三十七年十月一日第八版印刷／同年同月十日第八版發行」となった。以降のいずれの版でも，奥付に初版発行日と当該の版の発行日・印刷日を記載。
・第11版以降（第12版は未確認）：序言の末尾の「東京にて，1896年1月に」の記載が消え，署名のみとなった。序言の本文の記述は第3版以降と同一。また版の記載は箱と表紙のみとなり，タイトル頁への記載がなくなった。
・第13版以降：版の記載が，これまでの「Auflage」に代

Stuttgart: Cotta, 1819〔本論文ではHendrick Birus (Hrsg.), *Johann Wolfgang Goethe. Sämtliche Werke. Briefe, Tagebücher und Gespräche*, I. Abteilung, Bd. 1/3, Teil 1, Frankfurt/M.: Deutscher Klassischer Verlag, 1994を使用。翻訳に関する記述は同書280−283頁〕。

(31) 辻「上田萬年との翻訳論争（1895年）」，79−82頁。
(32) ロイドの生涯については，立教大学図書館のホームページを参照。http://library.rikkyo.ac.jp/digitallibrary/arthurlloyd/explain/explain_01.html（2021年8月1日閲覧）
(33) Karl Florenz (Arthur Lloyd), *Poetical Greetings from The Far East*, Tokyo: Hasegawa, 1896. この英訳版にも序言（Preface）があり，『詩人たちの挨拶』第3版以降の序言が英訳されている。
(34)『詩人たちの挨拶』の各版に関し，本来は書誌情報を個別に記すべきだが，著者・書名・出版社・出版地が同一なので，紙面の都合上，出版年のみ記載したい。第2版から第6版：出版年不詳，第7版：1902年，第8版：1904年，第9版：1906年，第10版：未確認，第11版：1908年，第12版：1909年，第13版：1911年，第14版：1912年，第15版：1914年。
(35) なお第6版の箱には「第5版（Fünfte Auflage）」の記載がある。第14版も，箱及び表紙が「第13版（Dreizehntes Tausend）」，奥付は「第十四版」で，欧文と和文の版の記載が逆転しているので，第5版の本体も第6版の箱に入っている可能性が高い。
(36) 但し第6版では，表紙のみ「6TE AUFL.」と記載されるなど，表記の不統一も多い。

わり「Tausend」に変更された（例えば第15版の箱は「15tes Tausend」，表紙は「FÜNFZEHNTES TAUSEND」）。

なお，筆者が第2版とした版に関し，それを明示的に記した箇所は詩集にはないが，①この版は，序言を除いて初版と相違点がなく，②第3版から大幅に変更される98頁の内容も初版と同一で，③第3版から第7版にはドイツ語で版の記載があるが，この版にはそれがなく，④第8版以降では奥付に日本語で重版の印刷・発行日の記載があるが，この版の奥付の記載は第7版までと同一である，以上4つの理由から，初版より後，かつ第3版より前に発行された版，即ち第2版と判断するのが妥当である。ただ，第3版の序言の内容がその後の版に踏襲されている点を考慮すると，第2版の序言の「1895年1月」の記載や挿絵の作者に関する記述に誤りがあり，第3版で修正された可能性が高い（第3版が「改訂第3版」を謳っているのもその表れと言える[37]）。よって本論文では，第3版以降の版をもとに，序言は1896年1月に追加されたものとして内容を分析する。

4 序言から読み取れる，フローレンツの再反論と上田への譲歩

『詩人たちの挨拶』の第3版以降に記載された序言の日本語訳は以下の通りである。

序言

日本の詩歌は多種多様な作品に満ち溢れているので，我々はともすると，あまり労力をかけずに名詩選の素材を集めるには，日本人自身に高く評価されているものだけを扱わないといけないのではないかと考えそうになる。しかしそうではない。大多数の日本の詩は，その独特の言語表現の覆いを取り払ってみると，ほとんどは何も内容が残らない類の詩であり，その理由はとりもなおさず，それらの多くがアフォリズムのように短いことによる。形式が内容を凌駕し，詩作上の言葉遊びや駄洒落がどうしようもないほど蔓延している。奇抜な思考を巡らした作品にはよく出会うだろうが，真に詩的と言える作品に出会うことの方が稀である。真正の詩歌が最も充溢している作品は，日本最古の詩集，名前を挙げると，収録数の多い詩集『万葉集』で，この作品については，本書の編者（＝フローレンツ：引用者）が現在，批判版と翻訳（Uebersetzung）の刊行を準備している。ここ千年間の抒情的な詩作にはほとんど注目すべきものがなく，これらは内容も表現も古代のものを真似たのではないかと思われる。

本書が収めた大部分の詩は8世紀前半のものだが，いくつかはごく最近のものである。ここに選ばれたものは，まさに真正の日本詩歌の代表的な作品であり，同時に我々ヨーロッパの嗜好や理解にもある程度は合うような詩に他ならない。翻訳（Uebersetzung）は基本的に，ドイツ語と日本語の間の根本的相違の許す限りで，できるだけ忠実に行った。脚注は必要最小限にとどめた。挿絵は全て，何人かの日本の芸術家によって本書のために特別に描かれたもので，作者名は付録に記されている。挿絵を挿入してくれたことに対し，長谷川氏に深くお礼申し上げる。

東京にて，1896年1月に

カール・フローレンツ[38]

結論をやや先取りすると，この序言を，翻訳論争の影響を抜きに考えることは難しい。なぜならここでは，ドイツ語圏の読者に対し，日本詩歌の多くは言葉遊びに堕していて，真正の詩歌と呼べるものは少ないなど，日本文学が否定的に評価されており，翻訳詩集の序言には似つかわしくないからだ。フローレンツがここで述べた，日本の詩は短いゆえに内容空疎との主張はむしろ，「短句が日本詩歌を壟断せる一大災厄」[39]という論争時の主張の反復と考えれば納得がいく。つまり彼は，この序言を追加することで上田の批判に再び応答し，論争時に見せた日本文学観を改めて表明したのではないか。

同様に，大半が言葉遊びに溢れた日本詩歌から真正の詩歌のみを選出した，との記述も，日本独自の俳諧発句を標榜した上田への再反論と捉えられる。詩集には真に抒情的な作品のみを収めたという趣旨の記述は，（訳詩の形式が上田に批判された）荒木田守武の発句は叙事詩でも劇詩でもないので抒情詩以外の何物でもない，とした論争時の自説[40]の反復と解釈できるからである。つまり『詩人たち

(37) 第2版の序言の日付「1895年1月に」を誤りと見る根拠は他に2つある。まず改版年が記された第8版が，初版発行の10年後の1904年に出ており，それ以降も約1年毎に版が改まっているため，初版の出版後5カ月での重版は考えにくい点である。また第4節で論じるように，上田は論争中の1895年5月，形式を改変して訳すならせめて緒言で断ってほしいと述べているため，この時点で序言を付した版は流通していなかったと判断できる点である。よって第2版の「1895年」の記載は信憑性に乏しく，序言は1896年1月のものと見るべきである。

(38) Florenz, Dichtergrüsse, S. 5から始まる目次（Inhalt）の直前2頁分に追加されたもの。

(39) フローレンツ「日本詩歌の精神と歐洲詩歌の精神との比較考」，6頁。

(40) フローレンツ「上田文學士に答ふ」，70−71頁。

の挨拶』に追加された序言は，ドイツ語圏の読者に向けた日本詩歌の案内であると同時に，上田への再反論にもなっている。

だが他方で，フローレンツが上田の批判に一部応えざるを得なかった様子も，序言中の「翻訳」の語から読み取れる。彼は，原作の形式にも配慮した翻訳を要求した上田に対し，自らが実践したのは，原作の妙味を読者に伝える「翻案（Uebertragung）」であると反論していた。この語は通常，「移し替え・中継」を意味するが，彼の意図に即して訳せば，「翻案」や「原作の詩情のドイツ語への移植」といった意味になる。実際に翻訳詩集の副題も「K. フローレンツにより翻案された（übertragen von K. Florenz）」とあり，彼は論争でもこの点を根拠に，同書は直訳を主眼としておらず，形式の改変に問題はないとしていた(41)。

だがフローレンツは論争において，ゲーテの「翻訳」論を再三持ち出して自説の根拠としつつ，自らの作品は「翻案」だと述べたため，ダブルスタンダードを上田に批判され，この点に説得力のある反論ができていない。むしろゲーテの翻訳論に依拠したことで，『詩人たちの挨拶』が，その副題にもかかわらず「翻訳」作品であると認める結果になっている。この点が，序言の記述によりさらに鮮明になる。日本の詩の味わいを伝えようと，なるべく原作に忠実な「翻訳（Uebersetzung）」をしたと表明することで，論争時に彼が「翻案」と述べた行為も翻訳の一形態であったことを，序言は追認しているのである。

さらに，彼が序言を追加した事実自体，上田の主張を受け入れたことの証左と言える。なぜなら上田は論争時，原作が西洋の抒情詩の形式で訳されたことに関し，「かかる狡猾手段（＝形式の改編：引用者）は，決して爲すべからずといふにはあらねど，もし志［ママ］かする時には（…）何とか緒言にでも斷り置かれたき」(42)と述べており，序言（緒言）はまさにこの要望に応えるものであるからだ。もっとも序言では，形式の改変について直接の言及はなく，「日独の言語間の根本的相違の許す限りで」忠実に翻訳したとの記述も，言語の相違を理由とした形式の変更はやむなしとの弁明とも言える。だがそれでも，この序言により，『万葉集』に真に詩的な作品（と彼が西洋の尺度をもとに見なすもの）が多数含まれること，収録された詩の多くが8世紀前半の作品であること，言語的な違いゆえに翻訳に困難さが伴うことなど，一定の情報提供がなされ，初版に比べて読者への，また原作への配慮も窺われる。つまり序言は，これを追加したという事実においても，またその内容においても，上田の要求を一定程度満たしているのである。

5 『日本の詩歌――白菊』の序言と，翻訳論争との関連性

前節での考察から，『詩人たちの挨拶』に追加された序言からは，論争時の主張との連続性だけでなく，フローレンツが上田の要求に応じていたという変化も確認できた。だが，この変化が既にそれ以前にも見られることが，『詩人たちの挨拶』の出版から1年1か月後の1895年9月に上梓された翻訳詩集『日本の詩歌――白菊』(43)（以下『白菊』と略）の序言から明らかになる。熊本県南阿蘇地方に伝わる「孝女白菊伝説」(44)を題材とした井上哲次郎（1855-1944）の漢詩『孝女白菊詩』（1884年）の独訳を主とした，このちりめん本の詩集には，初版から序言が付されていた(45)。その末尾には「東京にて，1895年秋に」とあるが，初版の印刷は1895年9月25日（発行は9月30日）なので，序言は実際には9月中，つまり『詩人たちの挨拶』の序言（1896年1月）の4カ月前，翻訳論争の最中に執筆されている。以下，この点に留意して『白菊』の序言を分析したい。

序言

長大な叙事的な詩は，日本や中国の文学にはほとんどないし，このジャンルに属するいくつかの作品も，我々西洋の英雄叙事詩とはとても同列には扱えない。ストーリーを複雑化し，盛り上げることにはほとんど重点が置かれず，独特の個性を持った人物が登場することも稀である。内的（＝心情的：引用者）葛藤にごく簡単に触れると，詩人のファンタジーはすぐにまた外的な世界の出来事（の描写：引用者）へと移ってしまう。詩人は，修辞の技法を大胆に駆使してこれを描写することを楽しむ。再構想（Nachdichtung，原作に基づくドイツ語での再構想：引用者）――私はここでドイツの読者諸君の好意に

(41) フローレンツ「上田文學士に答ふ」，73頁。

(42) 上田「フローレンツ先生の和歐詩歌比較考を讀む」，55頁。

(43) Karl Florenz, *Japanische Dichtungen, Weissaster, ein romantisches Epos, nebst anderen Gedichten*, Leipzig/Tokyo: C.F.Amelang/T.Hasegawa, 1895. 副題に「情緒あふれる叙事詩。その他の詩とともに」とあるように，『孝女白菊詩』（1-71頁）の他，72-80頁には井上哲次郎や上田萬年の詩，作者不詳の都都逸，平忠度（1144-1184，平清盛の異母弟）の和歌の独訳も収録されている。

(44) 大原によれば，旧長陽村や旧白水村（いずれも現在の南阿蘇村）に，モデルとなった白菊（妙喜尼）に関する言い伝えが複数存在し，実在説と創作説がある。大原『孝女白菊』，256-265頁。

(45) 但し『白菊』の序言も，第2版以降では内容が一部変更されている（引用箇所までは同一）。変更後の序言では，日本での原作の評価や受容について加筆され，分量も1/2頁ほど増えた他，末尾も「東京にて，1898年夏に」に変更されている。

これを委ねたい――において私は，原作を読んで思い描いた像を言葉に置き換えるに当たり，時として自由な立場を取った。まさにこの立場こそ，逐語訳（wörtliche Uebersetzung）よりも，東アジアの詩にふさわしいものと考えている。もし逐語訳をしていたならば，作品中に多少なりとも含まれる詩的な味わいを無情なまでに殺してしまったであろう。（…）[46]

『白菊』の序言に見られる，日本には西洋の英雄叙事詩に比肩すべき作品がほとんどないという日本文学への否定的評価や，逐語訳は原作の味わいを損なうとの主張は，論争時も，また『詩人たちの挨拶』の序言でも表明されていた。ここでも，西洋詩歌に比べ見劣りする（とフローレンツが見る）日本詩歌から優れた作品を選出し，翻訳を通して紹介しようというパターナリズムが垣間見れる[47]。この点で，『詩人たちの挨拶』の出版（1894年8月）から翻訳論争（1895年2月-9月），『白菊』の序言（1895年9月）を経て『詩人たちの挨拶』の序言（1896年1月）まで，彼の立場は概ね一貫している。

だが，フローレンツが『白菊』の序言でも上田を強く意識していたことが，序言中の「再構想」の語から読み取れる。そもそも『白菊』には「自由に再構築された（frei nachgebildet）」との副題があるが，序言でも，同書は原作を読んで思い描いた像を「再構想（Nachdichtung）」したものだと述べ，「翻案」や「翻訳」の語を用いていない（彼が問題視する逐語訳には「翻訳」の語を使用）。とはいえ『白菊』でも，井上の『孝女白菊詩』の形式こそ踏襲できなかったが，ドイツ語による詩情の移し替え・再現（いわゆる翻案）には概ね成功している[48]。よって，詩情の伝達こそ翻訳の本義とする彼の主張に従えば，『白菊』を「再構想された」作品と言わず，翻訳と呼んで構わないので，再構築・再構想という語の使用は不自然である。それだけに『詩人たちの挨拶』での übertragen, Uebersetzung という，移行・経過を表す接頭辞 über- の付く語に替わり，『白菊』では nachgebildet, Nachdichtung という，対応・事後を表す接頭辞 nach- の付く語を用いたのは偶然とは言えず，上田との論争でゲーテの翻訳論への傾倒が批判された点も考慮すると，意図的に用語を選択した可能性が高い。

これらの点から，フローレンツが『白菊』に序言を寄せた背景にも，翻訳論争の影響があったと指摘することができる。つまり彼は既に『白菊』の序言において，逐語訳の問題点に言及してこれと距離を取り，原作の詩情の再現を重視する立場を明確にして，自著への批判を牽制していたと言える。またこの視点に立てば，『白菊』に付された序言もまた，ドイツ語圏の読者に加え，日本の知識人にも向けられていたことがわかる。

6 翻訳論争後の連続性と変化――『日本文学史』の序言と作中の訳詩を手掛かりに

ここまで，2つの序言の分析により，フローレンツが逐語訳の問題点に繰り返し言及して論争時の立場を守ろうとする一方，序言の加筆そのものが，上田の批判に応えて彼に配慮を示したという，変化の証左として捉えられること，その背景に翻訳論争の影響が指摘できることがわかった。とはいえ，これらの序言の本旨が，既に訳し終えた自らの作品の擁護にあり，逆に論争時の主張を翻して翻訳形式を変更する（訳詩を差し替える）ことは困難であった点を考慮すれば，彼が序言を一種の弁明として，論争時の主張の延長線上に位置付けざるを得なかった可能性もある。よって論争後のフローレンツの連続性と変化をより正確に測るには，『詩人たちの挨拶』での翻訳とその後の翻訳との具体的な比較も必要となる。そこで本節では，1906（明治39）年刊行の『日本文学史』[49]との比較により，フローレンツの翻訳姿勢の推移を具体的に検証する。まず，『日本文学史』の序言において，彼がいかなる翻訳姿勢を表明しているかを確認する。

翻訳（Übersetzungen）は，わずかな例外――その当該箇所は示してある――を除き，私によるもので，必要があればドイツ語のイディオムを犠牲にしてでも，思想と字句の双方を可能な限り忠実に再現しようと努めている。翻訳（Übersetzungen）が，独日間の言語構造と慣用語法の違いゆえに，原作の不完全な代替物しか提供できず，とりわけ原文の独自の美的作用を再現できないこと，これは全ての逐語訳（wörtliche Übersetzungen）に付随する欠点であり，この点で私は自らを擁護する必要はない。ただそれでも，もし私が本質的でないものから本質的な

(46) Florenz, Weissaster, S. 1の4頁前からの3頁分が序言。引用は序言の前半，2頁目の途中まで。日本語訳は筆者。なお初版の序言の後半の要点は以下の通り：①孝女白菊を題材とした詩は，井上哲次郎の漢詩『孝女白菊詩』と，落合直文（1861-1903）『孝女白菊の歌』の2つがある，②日本国内では後者の評価が高いが，前者の方が詩情豊かなので翻訳の原著とした，③この作品は，感情や雰囲気の面で日本的な要素の上に，芸術理論や修辞の点で中国的な要素を反映したものである，④但しこれは「メード・イン・ジャーマニー」の眼鏡を通した見方である。このようにフローレンツは，『白菊』の序言では自身の見方をやや相対化している。
(47) フローレンツ「日本詩歌の精神と歐洲詩歌の精神との比較考」，2-3頁。
(48) 原作と『白菊』との対照に当たっては，大原『孝女白菊』，10-231頁を手がかりとした。
(49) Karl Florenz, *Geschichte der japanischen Litteratur*, Leipzig: C.F.Amelang, 1906.

ものをうまく選り分けられていなければ，また記述や判断に誤りがある時には，読者及び日欧の専門家諸氏の好意的な寛容を願いたい[(50)]。

逐語訳による詩情の再現は困難で，その不完全性は逐語訳に内在する問題でもあるとの主張には，『白菊』や『詩人たちの挨拶』の序言との連続性を指摘でき，ここにも自らの翻訳への批判を事前に牽制しようとの意図が窺える。だが他方で，思想と字句，即ち内容（詩情）と形式の双方に忠実でありたいとも述べられ，この形式への配慮は，論争時の立場の大幅な修正と言える。しかも自らの記述や判断の誤謬性も念頭に，日欧の専門家に寛容な態度を要請するなど，自身の立場を反省的に捉える姿勢も見られ，西洋の文学理論に裏打ちされた自説や判断の無謬性を疑う様子のなかった論争時とは一線を画している。では，ここで示された連続性と変化は，実際の作品の翻訳にどう反映されているのか。

全体の傾向を結論的に述べると，『詩人たちの挨拶』で彼が実践した形式の改変，即ち抒情詩調の訳詩への変更は，『日本文学史』にはほとんど継承されていない。例えば『万葉集』からは，前者に30首，後者に98首が訳出されながら，原作が共通するのは5首しかない上，訳詩はいずれも異なっている[(51)]。その詳細は稿を改めて論じたいが，前者では注釈的な語句が追加され，また脚韻も踏まれているのに対し，後者では訳詩の語数が抑えられ，行数も原作の句数と一致しているものが多い。

では，例えば『日本文学史』は『詩人たちの挨拶』とは書籍の性質が違うので，敢えて異なる翻訳方針が採られたのかと言えばそうではない。『古今和歌集』第15巻の，素性法師（？-910）の和歌「忘れ草何をかたねと思ひしはつれなき人の心なりけり」は，『詩人たちの挨拶』では Vergesslichkeit（忘れやすさ）の題で Sag an, / wo wächst der Same / Des Krauts Vergesslichkeit? — / Er wächst in jenen Herzen, / Wo Liebe nicht gedeiht.（「忘れ」草の種はどこで育つのか教えておくれ。それは愛の芽生えないあの心の中で育つのだよ[(52)]）と訳されているが，これは『日本文学史』にもそのまま掲載されている[(53)]。つまりフローレンツは，両著作間で異なる翻訳形式を採用したのではなく，『詩人たちの挨拶』の訳詩が『日本文学史』に転用されたこの例からは，彼の翻訳姿勢に一定の連続性を読み取ることができる。

このことは，『日本文学史』での狂句「もる家根を」の翻訳においてより顕著である。なぜなら彼は，短句の字義通りの独訳が支離滅裂になる代表例としてこの句を挙げ，『詩人たちの挨拶』の訳詩を引用した上，直訳調の訳も行ってこれと対置して逐語訳の問題点を示し，詩情の再現には，訳詩に語句を補い背景知識を伝えることも重要だと主張しているからだ[(54)]。ここには，翻訳論争で見せた翻訳観にフローレンツがなお固執している様子が窺える。

だが上記の例のように，両著作に同一の訳詩が掲載されたケースはむしろ例外で[(55)]，『日本文学史』では，その序言が謳うように，訳詩は形式も重視したものに換わっている。例えば藤原実定（後徳大寺右大臣，1139-1192）の有名な歌「郭公（ほととぎす）鳴きつるかたをながむれば　たゞ有明の月ぞのこれる」の訳詩を比較すると，『詩人たちの挨拶』では Kukukslied（郭公の歌）という題でこう訳されている。

Den rufenden Kukuk wollt'ich erspähn,
Scharf blickte ich aus im Morgengraun.
Doch konnt'ich nur die Sichel des Monds
Am dämmernden Morgenhimmel erschaun.
郭公が鳴くのを見つけようと
暁の中で私は鋭く目を凝らした

---

(50) Florenz, *Geschichte der japanischen Litteratur*, S. V.（日本語訳は筆者）

(51) 山上憶良（660-733頃）「銀も金も玉も何せむに」（『万葉集』第5巻-803），作者不詳「み佩かしを剣の池の蓮葉に」（13-3289）と「赤駒を廐に立て黒駒を」（13-3278），額田王（生没年不詳）「冬ごもり春去り来れば鳴かざりし」（1-16），作者不詳「高山と海とこそば山ながら」（13-3332）の5作品（括弧内は『国歌大観』による巻数と歌番号）。訳詩は Florenz, *Dichtergrüsse*, S. 12, 24, 28, 36 und 49; Florenz, *Geschichte der japanischen Litteratur*, S. 102, 111-112, 117, 119, 120 を参照。このうち前半の3首は，『日本文学史』では翻訳の行数と原作の句数を一致させている。この他『日本文学史』では「若い漁師の浦島」，憶良の2首，大伴家持（718-785）の3首の独訳が『詩人たちの挨拶』にあるとの注記はあるが，訳詩の引用はない（Florenz, *Geschichte der japanischen Litteratur*, S. 87, 103 und 106）。

(52) Florenz, *Dichtergrüsse*, S. 31. 日本語訳は筆者。

(53) Florenz, *Geschichte der japanischen Litteratur*, S. 144.（2行目は Des Krauts »Vergesslichkeit"«？に表記が若干変更されている）。

(54)『日本文学史』で対置された直訳調の訳詩は以下の通り：Der das durchträufelnde Dach seines Hauses / Drei Jahre lang nicht ausbessernde / Törichte pietätvolle Sohn.（Florenz, *Geschichte der japanischen Litteratur*, S. 449-450）。試訳すると「雨漏りする自宅の屋根を，3年間も修繕しない，愚かなまでに篤信な息子」となる。

(55)『古今和歌集』からも，『詩人たちの挨拶』に10首，『日本文学史』に40首以上が訳出されているが，原作が共通するのは計5首にすぎず，しかも前述の素性法師の歌以外はいずれも訳詩が異なっている。具体的には，作者不詳「老いらくの来むと知りせば」，「行水に数かくよりもはかなきは」，藤原高子（二条后，842-910）「雪の内に春はきにけり鶯の」，大江千里（生没年不詳）「もみぢ葉を風にまかせて見るよりも」の4首。『詩人たちの挨拶』と『日本文学史』の当該頁は以下の通り。Florenz, *Dichtergrüsse*, S. 31, 34, 50 und 53: Florenz, *Geschichte der japanischen Litteratur*, S. 22 und 143-145.

だが私はただ月の端を
有明の空に見ることしかできなかった[56]

ここでは，原作の詩情を西洋の抒情詩の形で再現しようとMorgengraun / erschaunの脚韻を加える一方，scharf（鋭く）など原作にない語も補われ，しかも「鳴きつるかた」つまり「どこで鳴いているか」は訳出されず，原作では結果的に月を認めることになる「暁の中（有明）」に訳詩では初めから視線が向かうなど，形式・内容の両面で原作との乖離が大きい。だが『日本文学史』では，この歌はAls nach der Richtung / Ich spähte, / wo der Kuckuck / Eben gerufen, / War nur noch eins zu sehen: — Der Mond der Morgendämmerung.（どこで郭公が / 今鳴いたのか / 私が眺めると / 見えたのはただ一つ：有明の月ばかり[57]）という訳詩に置き換わっている。『詩人たちの挨拶』に比べ，形式面で原作に近い5行の詩形をとり，内容面でも出来事の時系列をより正確に再現するなど，序言で表明された「思想と字句の再現」が実際の翻訳でも実践されていると言える。

同様の傾向は，翻訳論争の的になった発句「落下枝に」にも言える[58]。『詩人たちの挨拶』での訳詩を反訳すれば「何と？今落ちた花が / また木の枝に戻ったのか？ / だとしたらそれは奇妙なことだ！ / 私は近づいて目を凝らした——そしてわかった——それはただの蝶々だった。」となり，原作との形式上の乖離が上田に批判されていたが，『日本文学史』では，原作の発音の表記も加わり，訳詩は大幅に書き換えられている。

Rakkwa eda ni	Die abgefallne Blüte, dacht‘ ich,
Kaeru to mireba	Kehrt wieder zurück zum Zweige —
Kochō kana.	Doch war's ein Schmetterling!

落ちた花かと，私は思った
枝にまた戻ったものは
だがそれは蝶々だった[59]

ここでも，3句から成る原作を3行で訳したという形式面，余分な表現を補わずに原作の詩情に近づけたという内容面の両面で，「思想と字句の再現」が実践されている。それにより，翻訳論争での反論とは裏腹に，短句形式での日本詩歌の独訳という，かつての上田の要求に，フローレンツは結果的に応えているのである。

7 結びと今後の展望

以上の比較により，翻訳論争から，2つの翻訳詩集への序言の追加を経て，『日本文学史』に至る，フローレンツの立場の連続性と変化の一端が明らかになった。全体として見れば，彼は逐語訳が孕む問題点に固執しながらも，『日本文学史』では翻訳論争時の立場を事実上修正し，形式にも配慮しつつ原作の詩情の再現を目指す方向に翻訳姿勢を転換していた，という変化が具体的に読み取れた。

無論この変化の背景には，短句形式での翻訳に取り組んだアストン（Wiliam Geroge Aston, 1841–1911）やチェンバレン（Basil Hall Chamberlain, 1850–1935）らイギリス人日本研究者の動向[60]，また俳句に触発された欧米での，抒情詩中心の詩作を見直す動き[61]，『万葉集』のカノン化に代表される日本国内での国民文学史創出の動き[62]，芳賀矢一らとの交流を通したフローレンツ自身の認識の変化など[63]，様々な要因も指摘できよう。とはいえ，本論文で見た通り，翻訳詩集に追加された序言からは，翻訳論争を通じてフローレンツの立場が揺らぐ様子が確認でき，これを彼の態度の変化の最初の兆候と見ることも可能である。つまり翻訳論争が，原作者側の声や文化的コンテキストの存在を彼に意識させ，西洋の理論や手法をそのまま日本文学に適用するのは困難であるとの洞察をもたらす，一つの重要な契機であったと結論付けられる。

最後に，本論文の成果を，ポストコロニアルな文脈で整理し直して今後の展望としたい。周知の通りエドワード・サイード（Edward Wadie Said, 1935–2003）は主著『オリエンタリズム』[64]において，西洋による心象世界としてのオリエント像の形成プロセスを批判的に読み解き，その恣意

(56) Florenz, *Dichtergrüsse*, S. 40. 日本語訳は筆者。
(57) Florenz, *Geschichte der japanischen Litteratur*, S. 152. 日本語訳は筆者。
(58)『詩人たちの挨拶』でのフローレンツの訳詩と『帝國文學』での上田の反訳は注23を参照。
(59) Florenz, *Geschichte der japanischen Litteratur*, S. 443. 日本語訳は筆者。
(60)「落下枝に」の発句を，アストンはThought I, / the fallen flowers / Are returning to their branch; / But lo! / they were butterflies.（William George Aston, *A History of Japanese Literature*, London: Heinemann, 1899, p. 290），チェンバレンはFall'n flow'r returning to the branch, / Behold! it was a butterly.（Basil Hall Chamberlain, "Bashō and the Japanese Poetical Epigram", *Transactions of the Asiatic Society of Japan*, no. XXX, vol. 2, 1902, p. 331）といずれも短句形式で訳している。
(61) この点は以下の著書に詳しい：ポール-ルイ・クーシュー（金子美都子／柴田依子訳）『明治日本の詩と戦争』（みすず書房，1999年）。
(62) この点は品田『万葉集の成立』を参照。
(63) 例えば馬場は，ドイツ留学中の芳賀が1900年12月に，アストンの『日本文学史』の批評をフローレンツに送っていた点に注目し，これをフローレンツの依頼によると推測して，彼がアストンとその著作を強く意識していた点，また日本研究における芳賀との密接な協力関係を指摘している。馬場『近代日本文学史記述』，69頁。
(64) Edward W. *Said, Orientalism*, New York: Georges Borchardt, 1978.〔エドワード・W・サイード（今沢紀子訳）『オリエンタリズム』（平凡社，1993年）〕

性と，劣った存在としての他者表象を通して西洋が自己優位性を担保する過程を描いた。だがその際のオリエントは，もっぱら「もの言わぬ他者」であり，彼が考察対象とした19世紀の文脈では，東洋から西洋への異議申し立ての可能性は想定されていなかった。だが上田のフローレンツ批判を，西洋による一面的な日本表象への抗議と解釈すれば，サイードが描いた，西洋人のみが関与する他者イメージの構築プロセスとは異なる，より複層的な他者表象の形成過程を読み解く必要性が生じ，その際にはサイードに代わる新たな理論モデルが必要となる。近代化過程での日本像のように，ある文化が西洋との接触により（時に抵抗も伴い）変容するなかでの，（西洋にとっての）他者像の形成と変化のプロセスを読み解く上で，バーバのハイブリッド概念は極めて有効である。

日本文学に通じた外国人がごく少数であった明治時代に来日し，帝国大学で教鞭を取ったフローレンツは，ドイツ語圏に日本文学を紹介する上で特権的立場にあった。『詩人たちの挨拶』が，自らの優越的地位を背景に恣意的に編集・翻訳された作品であったと見れば(65)，上田の批判は，日本詩歌の恣意的な代理表象への異議申し立てと解釈できる。西洋の人文科学者として，方法論上の優位を当然視していたフローレンツには，意識下で「もの言わぬ他者」と見ていた原作側からのこの抗議は，意外な（心外な）ものであった(66)。だが彼は論争を通して，上田という異文化の他者からの抵抗に直面し，また自らの日本語能力の未熟さ，日本文学への知識不足も相まって，独断で日本文学を表象することの難しさを実感したと言える。『帝国文学』誌上での論争が途絶えた後，彼は2つの翻訳詩集に序言を載せて自己の立場を再度表明したが，これは上田の批判を無視し得なかったことの裏返しでもあった。結果的に彼は，上田が翻訳論争で要求した，原作の形式・内容の双方の再現へと姿勢を転換したが，当初の立場も完全には捨てきれず，これが『日本文学史』での翻訳姿勢の連続性と変化の混在，揺らぎをもたらした。

異種混淆性を，植民地的表象とその個別化に関わる不確定要素と見るバーバは，植民者による否認の持つ転覆的効果に触れ，「彼らの否認によって「否定」されたはずの他者の知が支配者の言説の中に入り込み，その権威の基盤である認知のルールを掘り崩す」(67)と述べた。この指摘をもとにフローレンツの姿勢の変化を見ると，彼が否認したはずの短句形式の日本詩歌（に関する知）が西洋の言説に入り込むことで，抒情詩主体の西洋の文学的権威が揺さぶられる様子が鮮明になる。またこうした価値転覆の一契機として翻訳論争を位置付けるとき，そこから生じる不確定要素としての，彼の日本文学表象の異種混淆性が浮かび上がってくる。この視点からフローレンツの各業績を捉え直すとき，アンビヴァレントなその記述は，彼の内なる西洋中心主義と，それが揺さぶられて生じる新たな価値基準とのせめぎあいの場として読むことが可能となるだろう。彼が翻訳論争後に，日本研究を通してどの程度まで西洋中心の立場を相対化し得たのか，この点を，彼の記述の揺らぎを手がかりに探ってゆくことが，今後の課題となる。

※本研究はJSPS科研費JP20K00509の助成を受けたものである。

(65)『詩人たちの挨拶』は全6章から成り（第1章：愛しい人々，第2章：自然の楽しみ，第3章：人生の厳しさ，第4章：宮廷の詩作，第5章：色とりどりの言の葉，第6章：叙事詩の試み），そこでは『万葉集』の和歌から外山正一（1848-1900）の現代詩まで，時代も趣向も異なる作品が原作の文脈から引き離され，各章のテーマに沿って配置されている。サイードの言葉を借りれば，フローレンツが描く日本文学の心象風景を具現化した作品とも言えよう。

(66)「ゲーテ」の語を13回用いて（フローレンツ「日本詩歌の精神と歐洲詩歌の精神との比較考」での引用数）西洋の文学理論を盾に自説の正当化を図った点に，彼の動揺と不興が窺える。

(67) バーバ『文化の場所』，196頁。しかしバーバは同じ箇所で，否認された様々な知識の内容が回帰して対抗的権威が生じるのではない，とも述べる。これは，上田のフローレンツ批判を安易に正当化したり日本詩歌の権威付けに利用しないためにも重要な指摘である。

トピック

ルール地方の水管理組合
――その事業内容と共同管理構造

西林勝吾／渡辺重夫／寺林暁良

1 はじめに

ドイツのノルトライン＝ヴェストファーレン州（以下，NRW州）に位置するルール地方（Ruhrgebiet）[(1)]では，100年以上にわたって水管理組合（Wasserverband）が河川流域の水資源管理を担ってきた。この水管理組合はNRW州の各流域に11あり，エムシャー水管理組合（Emschergenossenschaft）[(2)]とルール水管理組合（Ruhrverband）がその中心的存在である。これらの水管理組合は「環境経済学の父」であるA・V・クネーゼ（1930-2001年）に多大な影響を与えた[(3)]ことをはじめ，いくつもの先行研究でその先進的な取り組みが注目されてきた。水資源管理のあり方が世界的に問われている現在においても，その独自性は失われていない。

本稿では，先行研究で指摘されてきた諸点に筆者らが実施した現地調査で得た知見[(4)]を追加する形で，エムシャー，ルールの水管理組合を中心にルール地方の水資源管理を紹介し，その事業内容および共同管理構造の意義と課題について考察する。まず，議論の前提として水管理組合が設立された背景を述べる（2節）。次に，先行研究および現地調査を踏まえ，水管理組合の基本的な特徴を整理する（3節）。そして，ルール地方の水資源管理とドイツ全体の水環境政策との関係を整理し（4節），最後に考察を行う。

2 水管理組合の設立経緯

ルール地方は，19世紀前半まで小規模農家が構成する農村地帯であった。19世紀半ばから20世紀初頭にかけて，ルール地方の主要河川であるエムシャー川やルール川に沿って，石炭産業や鉄鋼業，化学工業などを中心に世界屈指の重化学工業地帯が急速に広がっていった。炭鉱業を例に取れば，1850年から1910年までの間に石炭産出量が150万トンから1億1,000万トンに，炭鉱労働者数も1万2千人から40万人にまで増加した。また，ルール地域最大の自治体であるエッセン市では，1850年から50年間で人口が約1万人から約30万人にまで増加し，当時のドイツで最も人口密度の高い地域となった。急激な工業化と人口増加に伴い，取水量・汚水排出量は飛躍的に増加した。当時のルール地方の環境汚染は深刻であり，環境問題の歴史において象徴的事例の一つとされている[(5)]。

エムシャー川流域では水質汚染に加え，地下炭鉱採掘のために生じた最大で20 mの地盤沈下も大きな問題であった。1870年代以降，地盤沈下によって河川周辺に多くの陥落池ができた。また，エムシャー川は傾斜の小さい平坦地を蛇行していたため，洪水が頻発した。そのため，滞留した水の腐食や汚水の氾濫によって，コレラやチフス，マラリアなどの伝染病がたびたび蔓延した[(6)]。

（1）ルール地方は，NRW州の中心に位置するルール地域連合（RVR: Regionalverband Ruhr）の範囲を指す。面積は4,435 km^2，人口は約500万人である。RVRは，当初地域開発推進を目的にルール石炭地域連合（SVR）として1920年に設立され，1979年にルール自治体連合（KVR）に一度名称変更し，2004年の自治体間連帯強化州法（Gesetz zur Stärkung der regionalen und interkommunalen Zusammenarbeit der Städte, Gemeinden und Kreise in Nordrhein-Westfalen）制定を受けて現在の名称となった。ドイツ最古の自治体連合であり，53自治体から成る。

（2）Genossenschaftは一般的に「協同組合」と訳される。本稿で扱うNRW州法上のGenossenschaftは，協同組合法に則った一般的な協同組合とは異なる。水資源の利害関係者に加入義務があり，水や河川管理という目的のもとで意思決定を行う組織である。

（3）Shogo Nishibayashi, "A. V. Kneese's Water Quality Management Research (1960s), within the History of Environmental Economics", *Journal of the History of Economic Thought*, Vol. 41, No. 3, 2019, pp. 411-431.

（4）本稿執筆にあたり，ルール地方の次の団体にヒアリング調査を実施している。ルール水管理組合（2013年／2014年／2015年），エムシャー水管理組合およびリッペ水管理組合（2015年／2017年），IWW研究所（2017年），NRW州環境省（2017年／2020年），ルール地域連合（2017年），市民団体「Menschen an der Emscher e.V.」（2020年）。

（5）Franz-Josef Brüggemeier, "A Nature Fit for Industry. The Environmental History of the Ruhr Basin, 1840-1990", *Environmental History Review*, Vol. 18, No. 1, 1994, pp. 35-36.

（6）Brüggemeier, "A Nature Fit for Industry" では，1901年にチフスが流行したエムシャー流域ゲルゼンキルヒェンの惨状を調査した衛生学者K・エメリヒの言葉が紹介されている。「下水，汚水および糞便，また土壌汚染の程度とその地域的な広がりに関して，流行性チフスに襲われたエムシャー渓谷の地域ほど，ひどい状況に出会ったことはない」（p. 38）。

その後，水質汚染に関する訴訟，特に上流・下流間の訴訟が増加したことに伴い，関連当局や市民は，炭鉱業をはじめとした産業界と共同で総合計画を考案する必要性を認識するようになる。そして1899年，各種産業界関係者や各市の行政官がボーフム市で会議を行い，エムシャー流域の総合計画を作成する委員会が結成された。その結果，当時200以上の行政区域に区切られていたエムシャー流域を統合的に管理し，代表制にもとづく意思決定システムを備える自治組織として，ドイツ初の水管理組合であるエムシャー水管理組合が設立された。1904年にはエムシャー水管理組合の特別法[7]が採択され，プロイセン国王から正式に認可された。さらに1913年には，エムシャー水管理組合をモデルとした2例目となるルール水管理組合が設立され，その後組織構造および水管理政策において類似した水管理組合が相次いで設立された。とりわけ，他の水管理組合のモデルとなったエムシャー水管理組合，最も広い流域圏を管轄するルール水管理組合は，その代表的存在として位置付けられている。

3 水管理組合の特徴

クネーゼによると，ルール地方の水管理組合の特徴は（1）流域の統合的管理，（2）組織構造，（3）費用負担システムの3点に集約される[8]。これらの特徴は，組合設立以降ほとんど変化していない。以下では，これら3点を中心に，先行研究[9]および著者らの現地調査にもとづいて水管理組合の特徴を整理する。

3.1 流域の統合的管理（統合的水資源管理）

ルール地方の水管理組合の特徴の一つは，自治体の行政区域に縛られることなく，それぞれ管轄する河川の水源から河口部（ライン川との合流地点）までを，流域およびその支流域を含めて統合的に管理している点にある。設立以来，水管理組合の目的は，水資源管理の多様な利害関係者にとって最適な河川利用を実現することにあった。この「最適」という表現には，流域生態系を回復させその持続可能な状態を維持させる水文学・生態学的な意味，その実現に要する費用を最小化する経済学的な意味が含まれている。行政区域ではなく河川水系を管理単位とするという特徴にクネーゼはいち早く注目していたが，1993年に世界銀行が統合的水資源管理（IWRM: Integrated Water Resources Management）という概念を提示して以降は，その文脈で水管理組合を論じる研究が増加した[10]。

各水管理組合が行う具体的な事業は，その管轄流域によって若干異なる。例えば，ルール水管理組合は主に河川の水量と水質の管理を行う。

水量管理[11]とは，十分な上水供給確保のため河川水量を一定基準以上に保つことである。ルール水管理組合は230万人のルール川流域人口に加え，エムシャー川流域の一部も含めた計500万人の水道水を確保している。エムシャー川とその支流が長期にわたって下水溝として利用され続けたため，エムシャー川流域では上水が確保できないからである[12]。また，河川の流量を調節して洪水を防ぐ治水事業も水量管理の1つである。

水質管理とは，各産業や家庭による廃水に含まれる汚染物質量を一定基準値内に処理し，処理水を河川へ放流することである。NRW州では，州水法に従って各自治体が下水を集める義務を負うが，集められた下水の処理業務は水管理組合等に委託することができる[13]。この規定にしたがい，下水道網は自治体が，下水処理施設は水管理組合が所有・運営している[14]。つまり，自治体が下水を集めて処理施設まで運ぶ事業を担い，水管理組合が集められた下水を処理し河川へ放出する事業を行うという役割分担となっている。

（7）Gesetz betreffend Bildung einer Genossenschaft zur Regelung der Vorflut und zur Abwässerreinigung im Emschergebiet.

（8）Allen V. Kneese, “Water Quality Management by Regional Authority in the Ruhr Area with Special Emphasis on the Role of Cost Assessment”, *Papers in Regional Science*, Vol. 11, No. 1, 1963, pp. 229-250; Allen V. Kneese, *Approaches to Regional Water Quality Management*, Washington: Resource for the Future, 1966.〔アレン・クネーゼ（日本経済調査協議会訳）『地域的水質管理論』（日本経済調査協議会，1968年）〕

（9）本稿で扱っている先行研究は社会科学の分野に限られる。自然科学の分野では，水管理組合の下水・汚泥処理技術等に関する研究が多数存在する。

（10）Harro Bode / Peter Evers / Detlef R. Albrecht, “Integrated Water Resources Management in the Ruhr River Basin, Germany”, *Water Science and Technology*, Vol. 47, No. 7-8, 2003, pp. 81-86; 藤木修「水質保全のための流域管理——先進諸外国の事例」『ベース設計資料』136号（2008），12−15頁；諸富徹「『統合的水資源管理』と財政システム」『立命館経済学』59巻6号（2011），1150−1167頁。

（11）以前ルール川流域では，1899年に設立されたルール貯水池組合（Ruhrtalsperreverein）が水量管理を行っていた。1938年にルール貯水池組合とルール水管理組合との共同運営が開始され，1990年の正式な合併後，現在の管理体制となった。

（12）エムシャー川流域では，主に隣接したリッペ川流域内にあるハルターナー貯水池から上水を供給している。なお，上水供給の主体は自治体によって異なり，自治体，シュタットヴェルケ，組合員でもある給水企業等によって行われるケースがある。シュタットヴェルケとは，電力や上下水道，公共交通などの様々な公共サービスを供給する目的で自治体が設立した公営企業である。

（13）州水法（Wassergesetz für das Land Nordrhein-Westfalen）第53条。

（14）例外的に，エッセン市ではシュタットヴェルケの100%子会社が下水道網の一部を管理している。なお，エッセン・シュタットヴェルケは，市50%，私企業50%の半公営企業である。

そのほかにも，水面のレクリエーション関連事業や，河川の再自然化事業[15]も新たに事業目的として加えられるなど，水管理組合の事業の幅は広がっている。

3.2 組織構造

水管理組合が統合的水資源管理を長期に渡って実践できた背景として，水管理組合の組織構造と費用負担システムの役割が大きい。水質管理に対する関心が高まった1960～70年代には，水管理組合のこれらの特徴に関する研究が集中的に行われた[16]。

まず組織構造について述べる。各水管理組合は，管轄流域内に位置する自治体（家庭排水の管理者），そして取水・排水を行う事業者によって構成される[17]。例えばエムシャー水管理組合の組合員数は198団体（自治体19／一般企業170／炭鉱業9〔2014年〕）[18]，ルール水管理組合の組合員数は563団体（自治体60／企業418（うち取水企業71）／水道供給企業50／その他取水事業者と発電事業者35〔2020年〕）[19]である[20]。各自治体は，その行政区域内に管轄流域を持つ全ての水管理組合に加入する。例えばエッセン市やボーフム市はエムシャー水管理組合とルール水管理組合に，ドルトムント市はエムシャー水管理組合，ルール水管理組合およびリッペ水管理組合に加入している。

各水管理組合の最終的な意思決定を行うのは，組合員から選出される代表者会議である。代表者会議は年2回開催され，次年度の予算計画，分担金の算出方法，投資計画等を承認・採択するほか，取締役会と執行委員会の役員選出も行う[21]。各組合員は排出する水量と水質に応じて[22]分担金（Beiträge）を支払うが，代表者会議の議席数はこの分担金合計額に対する各組合員の負担割合に応じて付与される[23]。例えば，ルール水管理組合の代表者会議は，146議席（自治体103／一般企業16／取水企業27／農業者2〔2013年〕）で構成される。

また組合取締役会は，予算計画，分担金の算出法，および投資計画の立案，執行委員会役員の選出を行い，その意思決定プロセスのモニタリングを行う[24]。エムシャー水管理組合では取締役役員数30名（自治体13／企業10／従業員代表7〔2014年〕）及び執行役員数3名が定められ[25]，ルール水管理組合では取締役役員数15名（自治体7／企業1／取水者2／従業員代表5〔2020年〕）[26]および執行役員数2名となっている[27]。

以上のように，ルール地方の水管理組合は，河川利用の利害関係者である組合員が代表を選出し，その代表者で構成された代表者会議が水管理組合の政策目標や手段を選択する代表制システムをとっている。つまり，利害関係者の意思を反映する民主的な構造を持ち，その時々の課題に順応的に対応できる自治組織と言える。

3.3 費用負担システム

次に費用負担システムである。水管理組合は，汚染者負担の原則，受益者負担の原則にもとづく分担金システムを中心に，水資源管理費用を調達している。上述の通り，分担金額は組合員の取水量，廃水の量・質にもとづいて算出される。各組合員の負担額は各々が排出する廃水量とその水質，自治体等の組合員に対しては取水量や治水事業による便益に応じて割り当てられる[28]。つまり，水管理組合の費用負担制度は「水量および水質をもとに，組合の総費

---

(15) 1990年にルール地方の水管理組合の現行法が制定された際に追加された。

(16) Gordon M. Fair, “Pollution Abatement in the Ruhr District”, *Water Pollution Control Federation*, Vol. 34, No. 8, 1962, pp. 749-766; Rolf Hansen, “Economic Incentives and Environmental Control, with Emphasis on the Water Pollution Control Measures in the German Ruhr-Area”, Shigeto Tsuru (ed.), *Proceedings of International Symposium on Environmental Disruption*, Tokyo: Asahi Evening News, 1970, pp. 85-92; Alvin K. Klevorick / Gerald H. Kramer, “Social Choice on Pollution Management. The Genossenschaften”, *Journal of Public Economics*, No. 2, 1973, pp. 101-146; Edwin T. Haefele, *Representative Government and Environmental Management*, Washington, D.C.: Resource for the Future, 1973.

(17) これらの団体には，水管理組合への加入が義務付けられている。また，ルール水管理組合ではこの二者に加え，水力発電事業者や給水企業等の年間取水量が30,000 m^3を超える事業者（取水企業）に対しても組合加入を義務付けられている（ルール水管理組合法（Gesetz über den Ruhrverband）第6条1項）。

(18) 組織構造に関する数値のうち，特に注釈のない数値は，聞き取り調査時の提供資料による。

(19) https://www.ruhrverband.de/ueber-uns/mitglieder/（2021年9月30日閲覧）。

(20) 自治体の会員数に変化はないが，企業の会員数は毎年変化する。例えばルール水管理組合の場合，2011年時点での一般企業会員数は416であり，全体の会員数は522であった。

(21) エムシャー水管理組合法（Gesetz über die Emschergenossenschaft）13条，ルール水管理組合法14条。

(22) ルール水管理組合の場合は排水の水量と水質に加え，取水量も考慮される。

(23) エムシャー水管理組合法11条2項，ルール水管理組合法12条2項。

(24) ルール水管理組合法17条，エムシャー水管理組合法16条。

(25) エムシャー水管理組合法17条，18条1項。

(26) https://www.ruhrverband.de/ueber-uns/mitglieder/（2021年9月30日閲覧）。

(27) ルール水管理組合法16条，19条1項。

(28) ルール水管理組合法26条，エムシャー水管理組合法25条。分担金の基本的な仕組みや計算式は，諸富「『統合的水資源管理』と財政システム」で整理されている。

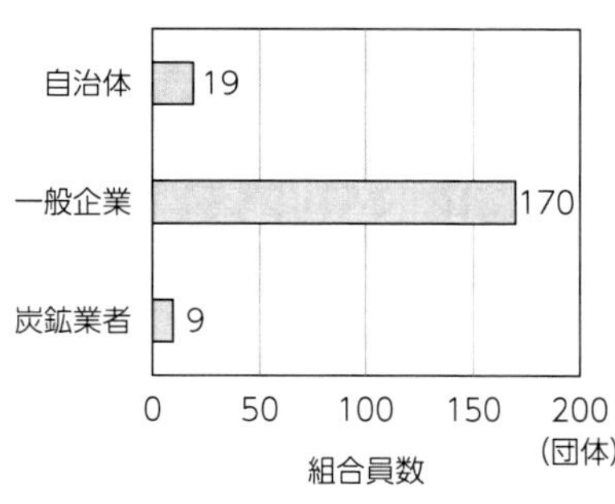

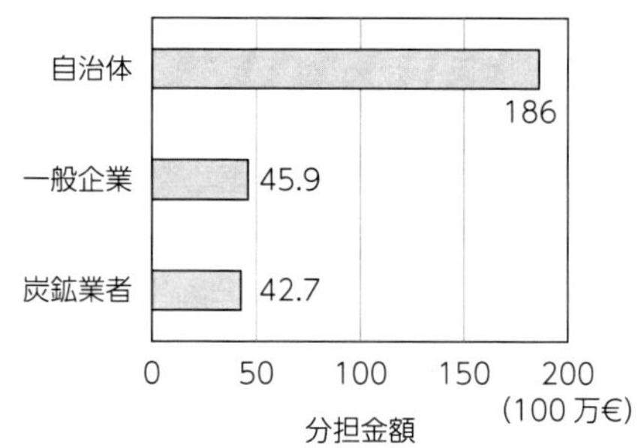

図1　エムシャー水管理組合の組合員数と分担金（2014年）

出典：エムシャー水管理組合提供資料をもとに作成

用のうち何％を各排出者が負担すべきか」[29]を決定するシステムだと言える。

例えば，エムシャー水管理組合では分担金額は**図1**のようになっている。組合員数では比較的少数である自治体が分担金の過半数を支払っている。自治体の分担金は住民が負担しており，住民の意思は自治体を通じて反映される。一方，水量管理費用は取水量に比例して課金される。水量管理の総費用を総消費量で割ることによって単価を計算する[30]。

2015年時点でも水管理組合は分担金から得られる収入で水資源管理費用のほぼ全てを賄っている。組合員は割当てられた分担金の金額に対して訴訟を起こす権利を有するが，今日に至るまで紛争はほとんど起きていないという。

4　水管理組合と上位法枠組みとの関係

以上の特徴を持つルール地方の水管理組合であるが，その設立当初，ドイツ連邦全体での水資源管理の枠組みは存在しなかった。各水管理組合の活動は主にNRW州が制定した個別の水管理組合法および組合定款（Satzung für den Ruhrverband）によって規定されていた。しかし20世紀半ば以降連邦法が，さらに2000年以降EU法がその上位法として水資源管理の法的枠組みを形成することになった。本節ではこうした上位法と水管理組合がどう関連するのかを整理する。

4.1　ドイツの水管理政策

連邦レベルの水資源管理政策は，そもそも1957年に制定されたドイツ連邦水管理法（Gesetz zur Ordnung des Wasserhaushalts：以下，水管理法）に端を発する。同法は，連邦政府がドイツ国内での水資源利用に関する制度の大枠と，国内水系の水質に関する最低水質基準を定めた枠組み法である[31]。水管理法によって各州政府に水利用の管理を行う権限が与えられ（水管理法第30条），水資源利用制度に関する詳細が州法として定められている[32]。また，各州政府は連邦政府の水管理法の基準を強制力のない指針値とし，独自に設定した許容排水量，廃水の排出先，許容汚染物質の濃度等を規定した排水許可証を各組合員に発行し，各州内にて公有水面に排水を行う全主体の排水管理を行っている[33]。そのため州政府発行の許可証の基準が実質的な水質規制基準となり，しばしば連邦政府の指す「最低水質基準」とはかい離する。

NRW州では州の特別法である水管理組合法が制定され，州政府環境省の監督のもと，計11の水管理組合に対して水質，水量管理事業を行う権限が与えられている。NRW州の水資源管理の構造はドイツの中でも独特なケースと言える[34]。

水資源管理に関するもう一つの重要な法律として，1976年に制定，1981年に実施された排水課金法（Abwasserabgabengesetz）がある。同法制定の背景として，水管理法に従って発効される排出許可制度のみでは排水規制を十分に行えなかったという事情がある。そこで，水管理法の政策

(29) 諸富「『統合的水資源管理』と財政システム」，1159頁。
(30) ルール水管理組合定款20条。
(31) 渡辺富久子「ドイツの水管理法」『外国の立法』254号（2012），126-179頁。引用は127-128頁。
(32) 諸富徹『環境税の理論と実際』（有斐閣，2000），108頁。
(33) 岡敏弘「ドイツ排水課徴金（1）――有効性の定量評価」植田和弘／岡敏弘／新澤秀則編『環境政策の経済学』（日本評論社，1997），33-51頁。引用は35頁。
(34) 次の文献では，州ごとに異なる水資源管理の主体を（a）自治体，（b）公営企業等，（c）特別目的の組合，（d）水・土地組合，（e）特別法による組合（NRW州），（f）自治体間協力，（g）官民パートナーシップ，（h）民営という8種類に分類している。Christa Hecht, "German Municipalities Take Back Control of Water", Satoko Kishimoto / Emanuele Lobina / Olivier Petitjean (eds.) *Our public water future. The global experience with remunicipalisation*, Transnational Institute etc.: Amsterdam etc., 2015, pp. 50-57.

目標を達成するため，汚染者負担の原則を採用した排水課金法を新たに経済的手段として導入したのである[35]。

排水課徴金制度は，一般企業や下水処理施設所有者等の公有水域に排水を行う主体に対して，連邦政府が課徴金を課す仕組みである。NRW州では，処理施設の所有者である水管理組合が課徴金を組合員から徴収し，連邦政府へ支払う形となっている。

4.2 EU水枠組み指令

2000年12月，欧州域内における水質に関する環境汚染防止と現状の水環境の改善のため，EU水枠組み指令（EU Water Framework Directive）が発効され，以下三点が目標として掲げられた。(1) 水質・水量・生態系という総合的観点に基づいた管理，(2) EU全域を流域ごとに分割し，各流域に良好な水域を維持・管理する計画を策定（2015年まで），(3) 水管理において重要な決定を行う際の住民等利害関係者の参加の配慮，である。水枠組み指令を受け，ドイツでは2002年と2009年に水管理法の改正が行われた。

一方，これによって水管理組合の政策に大きな変化は見られなかった。その理由として，そもそもドイツ水管理法は表層水域・地下水・沿岸水というあらゆる水資源を管理対象としており，治水・利水・水質保全で構成される水枠組み指令が意味する総合的管理を以前から目的としていたこと，さらにNRW州ではドイツの中でも相対的に厳しい水質基準を課してきたことが挙げられる。水枠組み指令の目的はどれも水管理組合が既に実践してきたことであり，むしろ上述した連邦レベルの水管理組合の法的権限が，EUレベルにおいても強化されたと言える。

以上のように，水資源管理においてルール地方の水管理組合は連邦政府，EUに先行してきた。政策目標の範囲・程度においても連邦政府，EUが水管理組合に実質的に追随する形となっており，水管理組合の自律性がここでも確認できるのである。

5 考察

以上の内容を踏まえ，共有資源管理の事例としてルール地方の水管理組合から読み取るべき論点を，以下の通り二点に整理したい。

第一に，水管理組合の事業内容が多様化している点である。その典型例は，エムシャー水管理組合が1989年以降手掛けているエムシャー川再自然化事業である[36]。炭鉱業の衰退を契機として，地下下水道を敷設し河川の水質を浄化するだけでなく，流域生態系を回復させ，炭鉱跡地を利用した自然公園と接続し，さらにそれを観光資源として炭鉱業衰退とともに停滞した地域経済の再建をも射程に入れるという空間的・経済的に壮大な計画が進行している。この事業目的の多様化が実現した背景として，水管理組合の特徴である統合的水資源管理，組織形態，費用負担システムが大きく寄与してきた。流域全体を管理対象とする統合的水資源管理が，流域内の再自然化を統一的に計画することを可能にした。そして，独立した意思決定権を持ち多様な利害関係者の意思を集約できる組織形態，組合員が納得して事業費を負担するシステムが，単なる水質管理から流域生態系の回復という事業目的の大きな転換を可能にしたと言えよう。

加えて，気候変動に伴う局地的な集中豪雨の多発に対処する治水事業が，水管理組合の事業として今後その重要性を増していくことが予測される[37]。河川の護岸整備や産業・家庭廃水と雨水の分流式下水道の敷設，透水性舗装の整備，雨水貯留施設の拡充など，様々な手法をどのように組み合わせて治水計画をデザインし，統合的水資源管理に組み込んでいくのか。この点も再自然化事業と並んで注目されるべきである。

第二に，持続可能な水資源管理，ひいては共有資源管理のあり方が世界的に問われている今日において，共同管理構造の展望に役立ちうる点である。水資源管理に限らず，共有資源管理の領域では「公」（public）か「私」（private）か，という古典的な二項対立が今なお根強く残る。特に，上下水道や電力の民営化，その反動としての再公営化という今日の動向は，その対立に拍車をかけているとさえ言える。一方，ルール地方の水管理組合は，「公」と「私」が水資源管理に関する意思決定過程および便益・費用を共有する「共」（commons）による管理の構造を築いてきた。流域のコモンズ的管理を続けてきたルール地方の事例は，「公」と「私」を含めた多様な利害関係者がかかわる共有資源管理のひとつのモデルとして，組織デザインに関する示唆に富んでいる。

6 おわりに

最後に，以上の論点に対応するかたちで，筆者らの今後

(35) 諸富『環境税の理論と実際』，107頁。
(36) 西林勝吾／渡辺重夫／寺林暁良「エムシャー川再自然化事業――エムシャー水管理組合の新たな取組み」『環境と公害』48巻1号（2018），63-66頁。
(37) 2021年7月，NRW州を含むドイツ西部とベルギーを中心に，豪雨による大規模な水害が発生した。『日本経済新聞』2021年7月17日付「『ドイツに気候変動の影響』――豪雨被害，未経験の規模」。

の研究課題となる論点を二点述べておきたい。

第一に，事業内容の多様化に関連して，水管理組合が直面している新たな課題にどのように取り組んでいくのか，ということである。水管理組合が再自然化事業や気候変動に対応した治水事業に取り組んでいることはすでに述べたが，これらの課題は他地域の水資源管理においても今後重要なものになるだろう。また，再自然化という自然と社会の関係を再構築する過程において，かつて農村地帯であったという歴史や工業化以降の産業遺産の存在を踏まえた，新たな地域社会の展望も問われている。統合的水資源管理の先進事例である水管理組合がこれらの課題にどう取り組み，どのような成果を挙げていくのか，調査の継続が必要である。

第二に，共同管理の構造に関連して，水管理組合の事業に市民がどのように参画しているのか，またどのような評価をしているのかという点である。現在の水管理組合には市民が意思決定に直接参加できるような仕組みが備わっておらず，いくつかの意見交換の場が設けられるにとどまってきた[38]。そのため，例えばエムシャー川再自然化事業について，水管理組合側は市民参加の現状に対して肯定的な捉え方をしている一方で，エムシャー川の管理に関する市民への情報共有や関連自治体および水管理組合への意見表明などを行う市民団体「Menschen an der Emscher e.V.」は，再自然化事業それ自体や事業への市民参加のあり方を必ずしも肯定的に捉えているわけではない。水管理組合をより多面的に評価するためにも，これらの市民団体の再調査も含め，流域に居住する市民への調査は重要となる。

(38) 西林／渡辺／寺林「エムシャー川再自然化事業」，66頁。

書評

『ふたつのドイツ国鉄——東西分断と長い戦後の物語』［鴋澤歩 著］

（NTT 出版，2021 年）

宇都宮浄人

1 はじめに

評者が初めてベルリンの地を踏んだのは，1985 年 3 月である。夜，西側からの長距離列車が到着するツォー駅（Berlin Zoologischer Garten）を降りて駅前広場を歩いていると，高架線を通る古めかしい電車の音が聞こえた。本書にたびたび登場する西ベルリンのＳバーンである。次の日，地図を買って，西側のショウウィンドウとも言われた繁華街クーダムを西に歩き，前夜に音を聞いたＳバーンに乗るべくハーレンゼー駅に向かった。ところが，地図にある駅は閉鎖され，電車は来なかった。

ベルリンには，一定の予備知識を持って出かけたつもりだったが，Ｓバーンについては何も調べていなかった。ツォー駅に戻り，電車の本体を目にしたとき，その電車が明らかに戦前製であること，施設も痛み，都心を貫く路線であるにもかかわらず，乗客がわずかであることに，異様なものを感じた。本書に出てくるが，評者もＳバーンの地下線で東ベルリン域内を「通過」した。暗いトンネルの中にプラットホームを確認した時の背筋がぞっとする気持ちは，今も忘れることができない。

評者は，歴史家でもドイツ研究者でもないが，ベルリン訪問後，謎に包まれたＳバーン，さらにはその裏にある東ドイツの鉄道の正体が知りたくて，その翌年も，翌々年もベルリンと東ドイツを訪問した。東ドイツの鉄道マンは，社会主義国の鉄道という印象とは異なり，日本人バックパッカーには寛大で，信号所を見せてもらったこともある。

そんな評者が本書を見つけるや否や，一気に読んでしまったことは言うまでもない。断片的な知識がつながるとともに，歴史を形作るさまざまな階層の鉄道マンたちの姿が，当時の記憶と重なった。評者のような読者は稀かもしれないが，「長い戦後の物語」という副題にあるとおり，さまざまエピソードを散りばめ，それを歴史の流れに載せる著者の文章は，「物語」として十分読み応えがある。

多くの人は，さまざまな思いでこの書物に引き込まれるに違いない。一次史料を駆使して史実を掘り返した本書は，多様なメッセージを発している。本稿では，まず，本書の全体像と，各章の記述を紹介したのち，著者のメッセージのうち，評者なりに感じた部分を論じたい。

2 本書の概要

本書は，第二次大戦後分断されたドイツについて，各々の国鉄という組織に焦点を当て，その変遷を編年体で描いた歴史書である。ドイツの国鉄は，戦前期はライヒスバーンとして統一されていたが，戦後，西側はブンデスバーン（以下，DB），東側はライヒスバーン（以下，DR，ただし，戦前のライヒスバーンを継承した組織ではない）と，それぞれが別の国鉄の組織を有することとなる。ちなみに，1990 年のドイツ統一によっても，すぐには国鉄の統一はなされず，両者が一つになるのは 1994 年の株式会社ドイチェバーン（以下，DBAG）設立まで待たなければならない。なお，先に述べたベルリンのＳバーンは，1980 年まで，西側領域も DR が管轄していたという「変態的統治」が，話を複雑にしている。

著者は，ドイツ鉄道史について，史料とデータを組み合わせて分析を手掛けてきた気鋭の経済史家であるが，本書の場合，データ面の説明は少ない。主に国鉄という組織に関わる人々の動きから 2 つの組織の歴史的な展開が語られており，その意味では，「物語」風ではある。とりわけ，「無名の」鉄道マンの言葉を丁寧に拾っている点も特徴である。

とはいえ，先に述べたとおり，本書は，単なる戦後ドイツの歴史絵巻ではない。歴史から現代的な意義を安易に導き出すことには慎重であるべきかもしれないが，評者も，自らの専門分野に寄せて，現代に通じるさまざまな問題意識を掻き立てられることになった。

2 点に絞ると，まず 1 点目は，「鉄道というモノに即することで，今日的な『経済体制論』にほんの少しでも寄与したい」という著者の「はじめに」の記述に係る部分である。「経済体制論」に対する評者の理解が正しいかどうかはともかく，鉄道事業，あるいは広く交通事業は，現代においても相当程度市場経済からは大きくはみ出し，むしろ計画経済的な色彩があるからである。2点目は，鉄道という産業の特質の問題である。鉄道は，さまざまな技術が絡み合った巨大なシステムであるが，戦後，欧州では鉄道産業そのものが斜陽となり，今の日本においても，地方圏を中心に鉄道の運営が立ち行かなくなっている。鉄道産業の本質を本書から読み取ることもできそうである。

以下，各章の記述内容を紹介した後，これらの点も少し掘り下げてみる。

3 各章の「物語」

まず，第1章は，1940年代後半，ナチス・ドイツ崩壊と占領期の記述である。戦争によって何もかもが失われた「ゼロ・アワー（零時）」からのスタートにあった戦後ドイツであるが，鉄道は，マイナスからのスタートと印象付ける内容である。よく知られているソ連の「デモンタージュ」による設備破壊があったが，敗戦の時期には，戦災に加え，国防軍が戦線撤退時に，車輌の最後部に「鉄道鍬」と呼ばれる装置を取り付け，自動的に線路や枕木を壊していくという行為もあった。

第2章では，1950年代の東西各国鉄の創成期について，人に焦点を当てた物語が展開する。論点は，ナチス時代からの連続性である。戦後の大きな方向性は東西ドイツとも非ナチ化であったが，とりわけDBでは，ナチス時代に責任ある地位にあった鉄道技術者が高官として指導的地位に上ったという事実も指摘している。DRはDBより非ナチ化を徹底したが，一方で，総裁の失踪など，共産主義者の中での対立に巻き込まれる姿も描いている。また，DRでも，「一九五八年になお（・・・）指導的な技官の四分の一程度がかつてのナチ党員かその追随者であった」（96-97頁）という。

第3章は，1950年代のベルリン，特にSバーンの記述である。西ベルリンのSバーンは戦後もDRに管理され，「東西ドイツ関係のなかでDRがどのような問題をもっていたかが，この首都を走る路線に集約されていた観」（106頁）があった。その集約された問題を，本章では，市民，鉄道員の具体的な行動に焦点を当てながら語っている。語り口は物語風であるが，著者ならではのオリジナルの史料に基づくものである。

第4章は，「ベルリンの壁」が建設されて以降の60年代，70年代におけるDBとDRの記述である。本章は，他の章と異なり，戦後ドイツ経済史を教科書的に概説した内容である。とはいえ，「定常的な成長経路」に戻っていく過程，つまり高度経済成長を遂げた西ドイツと，社会主義という枠組みの下で一定の成長を遂げた東ドイツという2つの国において，各々の国鉄の発展と，そこで生じる問題を明確に整理している。DBについては，近代化を遂げつつも，鉄道業自体が自動車の台頭の中で追いやられる姿が，DRについては，DBの近代化を意識しつつも，60年代終わりにはDBから大きく差をつけられる姿が，それぞれ浮かびあがる。

第5章は，第4章で概観した時代を，東西国鉄で働く人びとに焦点を当てて描いている。DB，DRがどのように戦前の国鉄組織を引き継いだかは，本書の一つのテーマであるが，ここで，指導層においても非ナチ化が徹底しなかったDBが，「戦前以来のドイツ・ライヒスバーンの後継者」であり，「引き継ぐことがDBの再建のみならず発展そのものであったようでもある」（160頁）と結論付けている。さらに本章で興味深いのは，DRが西の住民を雇用し，運営していた西ベルリンSバーンに関する本章後半の記述である。著者は，本音を拾い出すことが難しい東ドイツのDRではなく，「DRの労働環境に対する赤裸々な感想を口にすることができた」西ベルリンSバーンに勤務する「無名の人びとの肉声」を拾いあげ，それによって，DRという組織の本質を明かそうとしている。

第6章の前半は，80年代の東西国鉄の動きだが，力点は，技術革新が停滞する東ドイツと，その中で「悲惨なものになっていたDR」の最終段階の姿に置かれている。一方，後半は西ベルリンSバーンの「変態統治」が，1980年までに行き詰まり，運営が西のベルリン交通局に移管される過程を描いている。ちなみに，その際に多くの路線が休止になり，評者が最初に訪れたハーレンゼー駅もこのとき休止された路線にある。著者は，Sバーンの出来事は「ちょっとしたエピソードにすぎないかもしれない」と前置きをしつつ，東ドイツの行き詰まりと合わせ，「ベルリンの壁」崩壊に向けて「少しずつやってくる」出来事の一つとして位置づけている。その後の歴史を知る読者は，「長い戦後の物語」が終わりに近づいていることを感じる章である。

最終章の「おわりに」には，「『Fazit』ではないにせよ，それに似たものを書いておきたい」（229頁）としてまとめがある。その一部を箇条書きで紹介すると，①DB，DRは，戦前のドイツ・ライヒスバーンの何ものかをそれぞれ引き継いだ，②組織として，DB，DRとも，体制の相違と無関係に，存立の限界を迎えていた，③国鉄の危機は，国家の鉄道という側面から相当程度生じていた，などである。なお，著者は4点目として，「ふたつの国鉄の経験から，近現代ドイツという国家の成り立ちについて，なにかしらの示唆がある」とも述べているが，それが何かは著者も整理しておらず，読者に託された感がある。ドイツ史における「地域」あるいは「国民経済」という問題にも言及しており，読者によってはこの点に何か発見があるかもしれない。

4 経済体制と鉄道業の本質

本書が示唆するところは，さまざまであり，読者のバックグランドによって得るものは異なるであろう。以下では，交通経済学を研究する者として，「経済体制論」に係る議論と，鉄道業の本質という2点について，感じたこと述べておきたい。

まず1点目については，著者がいう「『経済体制論』への寄与」である。今日，標準的な現代経済学で，経済体制や制度を議論するという機会は少ないことは事実で，この点は，評者もかねてより気になっていた。著者が「体制」を一国の統治体制とみているのであれば議論はやや逸れるが，そもそも資本主義の国においても，市場原理が貫徹しない産業分野は多い。その際，「体制」というかどうかはともかく，制度のあり方そのものが問題になる。鉄道を含む交通市場は，「『市場の失敗』の火薬庫」とも言われ，例えば，市場における価格メカニズムも働かない。計画的に算出される原価で，基本的に運賃は決まる。

現代の交通市場が計画経済的であるか否かはともかく，重要な点は，市場が「失敗」する以上，その制度，「体制」がもっと議論されるべきだということである。にもかかわらず，たとえば日本においては，1980年代から90年代にかけての国鉄民営化や規制緩和論を経て，今では，相当程度，市場の自由に委ねられている。そもそも日本はそれ以前より私鉄が発達し，大都市圏や新幹線は，民間事業者の競争も相まって効率的な輸送ネットワークが形成された。しかし，ここで議論が止まってしまった。2000年代以降，地方圏，あるいは大都市も周辺部になると，交通事業が急速に衰退し，人々のモビリティを蝕んでいるのである。

本書では，DBの収支について，1966年までに「自主経営・独立採算制をとっているはずのDBに対して，（・・・）累計五一億ドイツ・マルクの国庫引き受けがあった」という記述があるが，ある意味，事実上独立採算制を放棄しつつ，投資を行ったからこそ，米国の旅客鉄道のように衰退することもなく，また，イギリス国鉄のように大規模な路線と駅の廃止を行わずに，今日の鉄道インフラを維持し，現在の鉄道再生につなげることができたのかもしれない。市場主義をかなりの程度否定したレーバープランは，その後のドイツの交通政策の基底にあると考えられるが，これも「社会的市場経済」とは何かという当時の西ドイツの体制論の中から出てきたように思われる。インフラ管理の費用も含めて独立採算制を維持している鉄道は今や日本だけだが，こうした制度を根本から問い直す経済学者は，今日の日本では少ない。

2点目は，そもそも鉄道業においては，産業の特質から「連続性」がキイワードになるということである。著者は，ナチスからの連続性の検証にかなりの頁を割いているが，著者の言葉を借りれば，鉄道は「技術体系の具現化であり，機械と施設の集合であるのと同時に，特異な組織」（31頁）なのである。膨大な技術体系を維持発展させるために，ナチスの影響すら断ち切れなかったという点は，鉄道という巨大な技術体系を集約した産業の特殊性を考えると，評者にはごく自然なことに思える。ただ，ナチスからの連続性が，歴史学上の一つのテーマであるのだとすれば，著者の目の付けどころは的を射ていたとも言える。

また，著者は，最終的に「DB，DRとも，体制の相違と無関係に，存立の限界を迎えていた」とまとめており，それがなぜかということを明記していないが，評者には，その要因が連続性に縛られた鉄道産業という組織の本質にあるように思われる。資本主義体制においても，さまざまな経済的規制に縛られ，しかも巨大化した鉄道産業は，自動車産業が台頭し，都市の郊外化など，人々のライフスタイルや都市の形態が急速に変化する中で，動きの鈍い戦艦の如く，右往左往せざるを得ないのである。

それでは，どのようにすればよいのか。現代の交通経済学で議論となっている手法は，鉄道のインフラ部分（下）と運行サービス部分（上）を分離する「上下分離」である。「上下分離」では，インフラ部分は公的な管理とすることで市場からは遮断する一方，運行サービス部分は，入札による運行権獲得という方式を取るなど，競争市場を導入する。1990年代以降，実際に欧州で本格的に導入され，一つの制度的なモデルとして定着しつつある。DBAGの場合，持株会社の範囲内での上下分離であるが，それでも海外の運行サービス業者も含め，新たな事業者がドイツの鉄道運営に加わるようになった。

ただ，ここでも鉄道の技術特性から，「上下分離」に反対意見もある。日本では，「上下分離」は，地方鉄道に公的資金を導入する際の手段と見なす向きもある。鉄道事業をどのような組織で運営していくべきか，東西ドイツの国鉄の歴史は，そんな現代の問題にもつながりを持つのである。

5 おわりに

以上のように，本書は膨大な史料に基づく歴史研究書であり，かつさまざまな問いや示唆を投げかける刺激的な書物である。そのうえで，最後にあえて注文を付けるとすれば，経済史家として，戦後の東西ドイツのデータの収集を行い，そこからみえる姿も描いてほしかったという点である。伝記的事実で「全部わかった気になるという罠」に陥っていないかという著者の警鐘は，経済学者としてはやはり気になる。東西それぞれの国鉄は，問題を抱えつつも各々国の経済活動に相当程度の効果を与えていたことは間違いなく，その程度について比較し，評価を行うことも必要であろう。むろん，デフレータすらない東ドイツについて，そうした作業は困難を極めるかもしれないが，データの歪みや不正確な点も含め，実態を解明してもらいたいというのは欲張りすぎであろうか。

いずれにしても，歴史を捉えるのは難しい。評者は，1980年代半ば，一旅行者としてベルリンや東ドイツを訪れたが，その実態に異様なものを感じつつも，現地の友人の話からはある種の安定感も感じられ，その後の歴史は全く想像できなかった。当時，鉄道趣味者向けの雑誌に書いた拙稿[1]は，「Sバーンは東西ともに新しい時代を迎えたという感はある。その意味では，Sバーンにも明るい未来が開けつつあるのかもしれない。けれども，ベルリンという街の未来は決して明るくはない。（・・・）ベルリンの時代は終わってしまった」（99頁）と結んでいる。

著者は，第6章の終わりに「（西ベルリンへのSバーンの移管の――評者補足）本質は，『『ベルリンの壁』崩壊』という世界史年表の大文字の出来事に通底していたとはいえないだろうか」（220頁）と問いを投げかけているが，評者からみれば所詮「後知恵」とも感じられなくもない。もっとも，それを後知恵と言わず，歴史家である著者は，史実を丁寧に整理して，「『明日』は，決して突然ではなく，長い時間をかけて，少しずつやってくる」（221頁）と締め括った。評者のような素人は，途中いろいろと考えをめぐらしつつも，最後はこの一文に納得して，本書を読み終えたことは確かである。捉えどころのない歴史を捉え，1冊の「物語」として描き切る歴史家の技が感じられる書物である。

（1）宇都宮浄人「ベルリンのSバーン――ドイツ鉄道150年の裏面史」『鉄道ファン』第27巻第7号（交友社，1987年），94-99頁。

書評

『労働者の基本概念 ——労働者性の判断要素と判断方法』［橋本陽子 著］

（弘文堂，2021 年）

大重光太郎

1 はじめに

経済のグローバル化とデジタル化が進展するなか，雇用のあり方が大きく変容している。その一つにフードデリバリー，クラウドワーカー，ギグワーカーなどに見られる雇用類似の働き方の増加，個人事業主の増加が挙げられよう。これらの働き方は伝統的な労働者性とは異なるが，かといって経済的自立性を備えていると言えない場合が多い。ここで労働者性が問われるが，それは労働者性の有無により労働法の保護対象となるかどうかが左右されるからである。しかし労働者性の定義は自明ではなく，国によりまた時代により変化する。本書は日本，ドイツ，EU の労働法における労働者概念の比較・整理を通じて，これまでの労働者概念がもつ問題点を判断要素や判断方法の検討を通じて明らかにし，労働者概念の再構成を提起することを目的としている。その際，著者は雇用類似の者にも労働法上の保護が適用されるよう労働者性を広義に理解するという立ち位置を明確にしている。

評者の研究領域は労働社会学・労使関係論であり，労働法学における本書の意義について評する資格や能力をもたないことを予めお断りしておかなければならない。しかし個人事業主の新たな多様性については実証的な労働調査でも注目される現象であり，本書からは労働法学における研究動向について大いに学ばせてもらうことができた。本書では労働者概念の解釈に関わる方法論についても詳述されているが，評者の能力および本誌の性格から，この書評ではドイツと EU における労働者概念の動向を中心に紹介することとしたい。以下，まず前提として日本における労働者概念に簡単に触れ（第 2 節），ドイツ法の労働者概念の歴史的変遷を紹介する（第 3 節）。日本では雇用類似の者を指す実定法上の概念が存在しないが，ドイツではすでにワイマール時代に「労働者類似の者」という概念が実定法で定められており，労働者性の理解に関する歴史的蓄積が存在する。続いて EU 法の労働者概念をめぐる動向を素描し，近年ドイツの労働者性の理解が EU 法の影響によって揺らぎつつあることを紹介する（第 4 節）。最後に労働者概念の「第 3 のカテゴリー」に関する著者の見解を紹介した上で（第 5 節），評者のコメントを行う。

2 日本の労働者概念

著者は労働者概念を問うにあたって日本の労働者概念の不明確さから出発する。すなわち，労働基本法・労働契約法（以下，「労基法」「労契法」）の労働者概念と，労働組合法（以下，「労組法」）の労働者概念は，判例および通説では後者の方が広く理解されているが，著者はその区別の根拠が不明確だと論じる。そして労働者性の判断要素と判断方法を明らかにするために，戦後から令和元年（2019 年）までの労働者性をめぐる裁判例全 397 件を網羅的に取り上げて検討している。そこでは 17 の業界・職業ごとに，また争点となる法律ごとに判断の特徴と傾向が示されるが，全体としては判断要素と判断方法の一般化が困難であることが示される。

労基法・労契法上の労働者概念については，昭和 60 年（1985 年）労基研報告で整理されている。これはそれまでの裁判での労働者性の判断要素を指揮命令拘束性という基準に従って整理したもので，以降の裁判における判断基準として参照される。しかし著者によれば批判的に検討されたものではなく，判決の問題点も明らかにされていないとされる。他方，労組法上の労働者概念の判断基準をまとめたものとして平成 23 年度（2011 年）労使関係研究会報告がある。著者はこれについても労基法上の判断要素との違いが不明確であると指摘している。

こうして日本の労働者性においては，労基法・労契法と労組法での概念の不明確さがあること，労基法上の労働者性解釈が狭く，労働法全体の適用縮小につながることが問題として指摘される。

3 ドイツの労働者概念

ドイツで労働者（Arbeitnehmer）という総称が登場したのはワイマール時代であるが，労働者保護立法は，それ以前から職業ごと・部門ごとに分かれて存在していた。例えば手工業・工業分野では営業法により経営職員，工場長，技術者，工場労働者，職人，使用人，徒弟が保護された（1901年に313の営業裁判所で7万227件の訴訟審理が行われたとの注記がある。訴訟内容は不明だが，営業法の効果を推し量ることができる〔143頁〕）。商業分野では商法典により商業使用人（独立商人になるためのブルジョア階級出身の若者が就いた職）が，家内労働分野では家内労働法によって家内労働者が保護された。家事分野においては刑法的性格を併せ持つ奉公人法が家事労働者を拘束していた（1918年廃止）。これらの個別法以外に民法典（1900年施行）も雇用契約・請負契約の規定を含んでいた。

労働立法ではないが，社会保険法上の「就労者」性の基準に関して，1905年にライヒ保険局から出された老齢・障害保険の強制被保険資格の判断基準に関する通達「賃金労働と独立の生業活動との区別について」が4頁にわたり直訳で紹介されている（153–156頁）。通達では，事業所への編入，設備の保有，時間的・場所的拘束性，労働遂行における監督，補助者の利用，許諾の自由の有無，専属性，報酬形態などが，具体例をともなって説明されている。1905年段階で現在の労働者性の判断基準にも劣らない精緻な基準が用いられたことには大いに驚かされる。

ワイマール時代になって総称として用いられるようになった労働者という概念は人的従属性を重視したものであったが，これと並んで「労働者類似の者」という概念が用いられるようになった。労働者類似の者とは人的従属性はないが，経済的従属性のために労働法を拡張して適用するために考えられた概念であった。労働者類似の者に関連して，1919年ワイマール憲法第157条での統一的な労働法典についての規定を受けた統一労働契約法草案の作成過程が紹介されている。1923年の同法草案では，第3条で労働者，職員，徒弟，現業労働者の定義が与えられ，続く第4条で「家内営業経営者及びその他の労働者類似の者」が規定され，労働者と並んで労働者類似の者の明文化が予定されていた。結局同法案は成立しなかったが，その後1926年の労働裁判所法で労働者類似の者の管轄が労働裁判所となることが明記された。これにより労働者類似の者という用語が初めて実定法上の概念となった。

戦後のドイツ連邦共和国（西ドイツ）でも，労働者と並んで労働者類似の者という用語が用いられた。前者の労働者については，人的従属性を重視する判例が積み重ねられていった。労働者類似の者の用語は，多くの法律に明記されたが（労働裁判所法，連邦休暇法，労働協約法，労働保護法，一般均等待遇法，介護時間法，個人情報法），もっとも具体的に規定されたのは労働協約法第12a条であった。これはメディア，特に放送局の自由協働者を念頭に，協約締結権を付与する目的で1974年に付加された条項で，上位概念として「経済的従属性」と「労働者と比較可能な社会的保護の必要性」，下位概念として①雇用契約または請負契約の締結，②労働者を雇用することなく，自分自身で役務を提供していること，③もっぱら一人のために活動していること，または一人の者から報酬の半分以上を稼得していること，または芸術家・ジャーナリストの場合は一人の者から報酬の3分の1以上を稼得していること，を満たす者とされる。労働協約締結の促進を目的にしていたが，実際には①放送局の自由協働者，②日刊紙のフリー記者の二つの職業グループにおいてしか労働協約は締結されていない。なお放送局の自由協働者に関して，放送局側の主張する基本法第5条1項「放送の自由」に基づく契約更新における使用者の裁量と，労働者側の主張する解雇規制による労働者保護の訴訟において，裁判所が番組編成に関与する度合いで自由協働者を区分して，業務役割に応じて一人ずつ更新拒否の適否を判断している事例は興味深い。

労働者とならんで労働者類似の者という実定法上の概念があるのがドイツの特徴であるが，実際に労働者類似の者への労働法規の適用は消極的にとどまっており，類推適用がなされず個々の職業類型ごとの特別法（家内労働法，商法典，労働協約法第12a条）による規制が行われている。すなわち本来，労働者以外にも労働法の適用を広げることが意図されたが，結果として労働者も労働者類似の者もともに狭く解釈される傾向が続いていることが示されている。

4 ドイツ法とEU法との相克

ドイツ法の労働者性理解は，労働者と労働者類似の者の二本立て，労働者性解釈の厳格性と統一性によって特徴づけられる。これに対しEU法の労働者性理解では広義性と相対性という特徴がみられる。こうした両者の緊張関係が分析されている。

まずEU法の労働者概念は（一次法である）EU運営条約第45条の労働者自由移動原則に基づく。これはEU法独自の労働者概念であり，各国法独自の解釈に委ねられず，統一的に解釈される。また加盟国での実施が義務付けられるEU指令（二次法）では，EU法独自の労働者概念に基づくものと，各国の国内法の労働者概念に委ねられているものとがある。しかし後者についても、欧州司法裁判所はEU法の実効性を確保するために労働者性について各国の裁量に委ねるべきではないとの判断を行っている。各国の完全な裁量に委ねられていないこのような労働者概念は「半自律的な」労働者概念と呼ばれている（294頁）

EU法の労働者概念形成においては，欧州司法裁判所の判例が重要な役割を果たす。とりわけ「労働者概念は基本的自由の適用範囲を画するので広く解釈されなければならない。（・・・）労働関係の本質的な要素は，あるものが，一定期間，他者のために，その指揮命令に服して給付を行い，反対給付として報酬が支払われる点にある」とした1984年先決裁定は，ローリー・ブルーム定式として今日に至るまでEUの労働者定義の骨格をなすものとなっている。

こうしてEU法上の労働者概念では，ローリー・ブルーム定式をもとに，広く労働者性を認める方向が確認され，人的従属性がなくても経済的従属性（＝専属性）があれば認める傾向がみられる。また同時に規範ごとの目的に合わせて労働者概念を変化させるという相対性を認めている。こうした広い労働者性解釈に基づいた裁判例としてDanosa事件先決裁定（2010年）とFNV事件先決裁定（2014年）が紹介されている。労働者か使用者かが問われた前者では，非社員執行役員に母性保護指令の適用を認め，解任を無効とする判断が下された。また労働者か自営業者かが問われた後者はオランダの臨時楽団員の労働者性をめぐるものであり，偽装自営業者（false self-employed/Scheinselbständige）と判断された場合には労働者性を前提とした労働協約が認められるという判断が下されている。2019年の労働条件指令では，前文（8）で「家事使用人，呼び出し労働で就労する労働者，間歇労働に従事する労働者，バウチャーに基づき就労する労働者およびオンラインプラットフォームを介して就労する労働者並びに実習生および職業訓練生がこれらの基準を満たしている場合，彼らは本指令の適用範囲に含まれる」と書き込まれたが，ここにも広く労働者性を認めるEUの姿勢が確認できる。

こうしたEU法の方向性は，ドイツの労働者概念が持つ厳格性と統一性に大きな変容を迫りつつあり，これはEU指令の国内実施法，国内の2つの裁判の事例によって示されている。2000年EU均等待遇指令のドイツでの国内実施法である一般均等待遇法（2006年）は，労働者，労働者類似の者とともに条件付きで執行業務役員及び取締役にも準用されることが盛り込まれている。裁判例としては，2019年1月の連邦労働裁判所は執行役員の労働者性を否定，これによって労働裁判所の管轄を否定したが，同年3月の連邦通常裁判所は61歳の役員についてEU法上の労働者であることを認め，解任が年齢差別にあたると判断した。これは労働裁判所で労働者性が狭く解釈される一方で，本来の労働問題の管轄でない通常裁判所で広く解釈されているという点でも興味深い。労働者概念が相対化し不明確になっている状況や，労働者性の理解においてEUとドイツでずれが生じている事態が裁判所管轄の混乱につながっていることが示されている。

5 労働者概念の把握

最後に著者の労働者概念が提示される。労働者と自営業者の区別基準が「事業者リスクの自発的引き受けの有無」にあるというヴァンクの理解を踏まえ，労働者概念を「市場で自ら取引を行うのではなく，指揮命令に服して有償で役務を提供する者」と定義している（377頁）。

著者の実践的関心は労働者性を広くとらえることにより，人的従属性はないが経済的に従属した自営業者をどう保護するかという点にあったが，こうした者を保護するには二つの選択肢があるとする。一つはなるべく労働者性を広く解する方法で，もう一つは「第3のカテゴリー」（準労働者，労働者類似の者）として中間概念を設けて，必要な保護を及ぼす方法である。これはさらに立法により対処する方法と解釈による対処方法の2つに分かれるという。「第3のカテゴリー」について，著者はそれを設けるメリットとデメリットを挙げた上で，「第3のカテゴリー」は不要との見解を提示する。日本においては労基法上の労働者性を労組法上の労働者性と同じ範囲まで広げるべきとし，立法によらず解釈で可能という立場を示す（374頁）。また経済的従属性のみが認められる労働者の場合，全ての保護を及ぼす必要がなければ適用除外規定の整備で対応できるとする。

6 コメント

本書は，日本，ドイツ，EUの労働者概念を，比較法的方法により歴史的生成を考慮に入れながら検討している。この方法からは，日本では労基法と労組法の労働者概念が不明確であること，ドイツでは労働者とともに労働者類似の者のカテゴリーがあるが，どちらも狭く解されること，EUでは広い労働者概念が志向されていることが浮き彫りにされた。その際ドイツ法では，EU法の影響によって従来の統一的で狭い解釈から，相対的でより広い解釈へ迫られていることが示唆されている。また歴史的生成の考察からは，労働法学においては労働者性の問題が古くから取り組まれてきたテーマであること，労働者と自営業者との境界性は近代労働者が誕生した当初から問われ続けてきた古くて新しい問題であることを改めて認識させられた。

最後に，ドイツとEUとのつながりで考えさせられた点を3つ挙げておきたい。

1点目は，近年の労働者概念をめぐる議論の歴史的位置づけに関わる。ドイツでは，19世紀後半からの労働法制や社会保険法制以来の歴史の蓄積も大きいと思われるが，20世紀初頭にすでに現在の労働者性の判断要素がほぼすべて取り上げられていた。現在の判断要素を考える際，現象は異なるが基本的には同じ判断要素なのか。質的な変化はあるのか。現在の労働者性の判断要素の新しさとは何か。

2点目は，雇用類似の者を法的に保護する方法に関わる。ドイツではすでにワイマール時代から労働者類似の者という第3のカテゴリーを設けることにより，雇用と非雇用との中間領域における就労者の保護および規制に対し実定法的に対応してきた。これは戦後の西ドイツにも引き継がれ、とりわけ労働協約法では本来の雇用関係にない労働者類似の者にも労働協約を締結する権利を認めることとなった。しかし本書では、現在に至るまで本来の労働者が狭く解釈される一方で，労働者類似の者の範囲も限定的にとどまったことが示されている。なぜ狭く解釈されたのか，なぜ特定の領域以外に労働協約が広がらなかったのか。カテゴリーによる問題だろうか，それとも他の要因（労使アクターや，経済・社会的要因）によるものなのだろうか。これは第3カテゴリーの有意性に関わってくると思われる。

3点目は，欧州レベルで広い労働者性を志向する流れの背景に関わる。同じように隘路にある（と評者は理解した）ドイツと日本の労働者概念において，ドイツではEU法制という外的インパクトにより労働者性が広がる可能性があるが，日本ではそうした外的インパクトは想定しにくい。EUは新自由主義的な方向性とソーシャルな方向性とのせめぎあいにおいてとらえることができるが，労働者性を広く認めて保護強化を進めようとする担い手や原動力は何だろうか。EU法が今後，加盟国の労働者性の理解，労働法制にどう影響してくのか，大いに注目したい。

経済主体が巨大化し経済活動の複雑化が進むなか，労働者か事業者かという伝統的二者択一では弱い経済アクターを保護できないことは明らかであろう。個人事業主を巨大企業と同等の事業者というカテゴリーでくくることは，保護の必要性から見て現実を直視しないことになろう。中長期的に多様な働き方が広がるなか，雇用類似の働き方はさらに広がっていくことが予想される。社会保障における保護・救済は一つの対処方法であろうが，就労領域における権利や保護を考える場合，労働者概念の拡張，第3カテゴリーの議論は労働問題研究における重要な検討課題であろう。

『ドイツ社会国家における「新自由主義」の諸相――赤緑連立政権による財政・社会政策の再編』［福田直人 著］

（明石書店，2021年）

小野　一

「装丁とは異なり赤っぽくも緑らしくもない本」。個人的感想で恐縮だが，これが読後の第一印象だった。もちろん悪い意味ではない。一次資料や統計を精査し，透徹した財政学的分析を行えばこうなる。本書評では，まず，主要な分析対象である第二次赤緑連立期（2002～05年）の新自由主義的改革の実相を反芻する。その上で，著者が注目するオルドリベラリズムという知的伝統が果たした役割について，若干の評論を試みたい。世代感覚の違いも顔を出すかもしれないが，そこには今後のドイツ研究への示唆が含まれるような気がするのである。

著者の要約によれば，第二次赤緑連立期とは，新自由主義が「社会民主主義の近代化」の外皮を纏いつつ，左派政党主導の諸改革が断行される特殊な期間，ないしは「緊縮財政レジーム」の最中であった（14頁）。だが，「市場」概念に立脚するのが新自由主義だとしても，市場に対する根源的な理解は一様でなく，改革の帰結も多様である。「オルドリベラリズム」と通説的な「シカゴ学派」は，ともに新自由主義を冠しながら「公的介入」という点では明確な対抗関係にある。第二次赤緑連立期において社会民主党のモダナイザー（近代化グループ）は，シカゴ学派的な文脈における新自由主義を担いつつ，オルドリベラリズムを基調とするドイツ社会国家の改変を試みたと，著者は考える。

キャスリーン・セーレンは，労働市場の自由主義化の軌跡を模式図に表した上で，次のように言う。(a)「規制緩和」としての自由主義化（アメリカなど）はしばしば「自由な市場経済」諸国に伴い，(b)「デュアリゼーション（二重構造，二極分化）」としての自由主義化は，特にドイツのような保守的なキリスト教民主国家に伴い，(c) 一般的にスカンジナヴィア諸国の事例（デンマークなど）において「社会的に埋め込まれたフレキシビリゼーション」を通した自由主義化が現れる（39頁）。戦略的調整（市場の無制限の活動を抑制するアレンジメントの高低）が中位を保ったままカバレッジ指標が低下するデュアリゼーションの軌跡は，例えば，団体協約制度は残したまま団体協約にカバーされた労働者と職場が顕著に減少したドイツの事例に対応する。新自由主義的改革の方向性は多様だが，多くの国は昨今，財政的な「枷」をかけられる。「国家財政の史的考察において，イデオロギーに捉われない政策意図を最も端的に把握できるのは予算である」（45頁）とのシュンペーターの言葉を引用しつつ，著者は，赤緑連立期の歳出入構造の分析へと向かう。

ドイツは1990年代以降，社会保障財源の構成を保険料（医療，介護，年金，失業など）拠出削減と一般政府拠出拡大の方向で変化させたとされる。年金保険支出は，高齢化にもかかわらず対GDP比では上昇していないが，失業保険支出は2000年から2007年にかけてほぼ半減した。一方で，最低限所得保障や普遍的な給付制度を担う社会扶助，社会手当の支出は2005年時点でかなり増加しているが，これは同年に導入された求職者基礎保障によるところが大きい。社会政策関連の国庫支出は増加傾向にあるが，国家財政そのものはどう変化したのだろうか。赤緑連立政権で連邦財務大臣を務めたのは，社会民主党モダナイザーのハンス・アイヒェルだが，党内権力闘争に敗れて辞任した左派のオスカー・ラフォンテーヌの後継として就任している。彼の下で，「税制改革2000」という大規模な企業減税が断行された。

それにより法人税収入は2001年から2003年にかけて急激に落ち込んだが，企業課税総収入は改革後5年のうちに対GDP比約3～4%（赤緑連立期以前の水準）にまで戻っている（80頁）。概略的には，法人税引き下げによる減収を（抵抗勢力に抗しながら）課税ベース拡大により補ったわけだが，数々の事情が交錯する中での帰趨を詳細に見る必要がある。第二次赤緑連立政権の発足した2002年以降，低成長経済の下で，ドイツは4年連続でマーストリヒト条約が定める財政赤字3%の基準（ユーロ参加の条件）を超過する。これは手痛い誤算だったが，EU基準の厳格な運用を求めるドイツ自らがルール違反をしている責任を問われかねない事態だから，課税ベース拡大を求めるアイヒェル財相の議会答弁にも焦りの色が滲む。付加価値税の再度の引き上げは避けたい。ところで，法人税は資本会社のみに課され，人的企業は所得税を納めるというドイツの企業課税の特性上，大まかにいえば法人税は大企業に，所得税は中小企業に与える影響が大きい。それとは別に，資本会社，人的企業いずれにも適用される営業税があり，税率決定権は基本的に自治体（日本でいえば市町村）が有する。人的企業には各種控除が認められることもあり，上位3.3％の企業が8割以上を負担する大企業課税の性格が強い。ここでの増税分も勘案すれば，営業利益を上げている資本会社には「税制改革2000」の減税効果を相殺する実質負担増が生じたことになる。これが第二次赤緑連立期における新自由主義改革の「揺り戻し」であり，景気動向やドイツ特有の課税構造，連邦と地方政府の関係などに左右されたものも少なくない。

本書のクライマックスともいうべきは，第4章「第二次赤緑連立政権期における福祉と就労の融合」である。社会政策（例えば労働政策）の新自由主義的再編成は，「アクティベーション」や「ワークフェア」などの言葉で言い表されるが，その特徴を読み解く理論モデルを提示する。財政分析に裏打ちされた本書前半の議論と呼応し，失業者への現金給付による受動的な所得保障から就労支援を組み合わせた福祉政策に舵を切ったドイツの「ハルツ改革」の位置づけが浮かび上がる。

「就労要求的な政策」と労働者の「雇用可能性を高める政策」とを区別（ワークフェアは前者の一部）する分析手法は，多くの先行研究で踏襲される。だがこのような二分法では，例えば，職業訓練を通じてエンプロイアビリティ（雇用可能性）を高める「古典的な」積極的労働市場政策と，ワーキングプアの存在を前提にその賃金補助に重点を置くメイク・ワーク・ペイ政策とが十分に峻別されない。埋橋孝文は，労働市場内での所得保障を「事後的所得補償」と「事前的労働規制」とに区分する。前者はアングロサクソン系のメイク・ワーク・ペイ政策に，後者は，最低賃金などの労働規制によりワーキングプアの発生を最小限にする政策に対応する。

アクティベーションの政策意図と性質に着目すると，6つの政策領域に区別できる（109頁の図4-1，以下の丸付き番号は図中のもの)。「事後的所得補償」(③）も，その対案としての「事前的労働規制」(④）も，労働市場「内」の所得保障により就労インセンティブを高める方策である。だが，「雇用可能性を高める政策」(②）なら，労働市場「外」の（現物給付を主体とした）社会サービスも考えられよう。職業訓練を伴う積極的労働市場政策もこの範疇だが，これらはワークフェアを特徴づける「就労要求的な政策」(①）の対極をなす。アクティベーションのための対照的な政策を，労働市場の内外でそれぞれ措定し，「参入」「退出」関係を明示したところに，著者の理論モデルの新奇性がある。ワークフェア的方策といっても，公共事業などを通じた「直接雇用創出」(⑤）と，正規雇用者の解雇からの保護の緩和などを内容とする「労働規制緩和」(⑥）といったバリエーションがある。

このモデルは，各国のアクティベーション政策を理解するのに有益である。アングロサクソン型（図4-2）の場合，労働市場外では求職活動を条件とした期限付きの所得保障が，労働市場内では給付付き税額控除などが中心となるため，①と③がマーキングされる。スウェーデンをはじめ北欧型（図4-3）では，職業訓練や社会サービスの比重が大きく，労働市場内では最低賃金や同一労働同一賃金原則などにより所得保障がなされるため，②と④がマーキングされる。デンマークやオランダに見られるフレキシキュリティ型（図4-4）は，基本的に北欧型と同じだが，労働市場への包摂のための政策デザインが異なる。アングロサクソン型のように「労働規制緩和」(⑥）が打ち出され非正規労働者も多いが，（北欧型と同様の）「事前的労働規制」により正規職員との待遇格差が抑えられている。すなわち，図4-2，4-3，4-4は図4-1とはマーキング部分が違っているだけで，6つの政策領域のどれを相対的に重視するかにより，アクティベーション政策はいくつかの類型に分かれる。これに照らして，ドイツの社会国家再編成はどのように説明されようか。

ハルツ改革とは，失業対策を最重要課題と位置づける第二次赤緑連立政権が2002年にフォルクスワーゲン社から招いたペーター・ハルツを議長とする委員会の答申に基づき行った包括的労働市場改革である。最大の改革とされるハルツⅣでは，所得比例給付だった失業扶助が廃止され，稼働能力ある要扶助者は就労を義務づけられるとともに，新設された求職者基礎保障（社会扶助と同水準の定額給付）への移行を余儀なくされた。ハルツ改革の内容の大半は「就労要求的な政策」(①）であり，賃金補助政策は部分的に「雇用可能性を高める政策」(②）的要素を包含しつつも「就労要求的な政策」が中心である。整理すると，図4-6（121頁）のようになる。一見してわかるように，重点付与はアングロサクソン型と同じである。だがここで，自由主義化の多様性論のアプローチを思い出さねばならない。ハルツ改革は，団体交渉制度や労働組合を直接攻撃・解体するディレギュレーションではないが，デュアリゼーション（労働市場の二極化）の方向に作用した。デュアリゼーションでは，主要産業の経営陣と被雇用者の連携が強化される反面，主要産業以外の被雇用者は取り残される。労働市場全体が非正規雇用化する中で，少なくともドイツの基幹産業はレジリエンス（復元力）を示し，労働協約も維持しているとの見方も可能かもしれない。ドイツの単位労働コストは低下しながらも，労働時間あたりの雇用報酬は上昇しているという事実も見過ごされてはならない。

新自由主義化の傾向は共通していても，具体的現れ方は多様である。財政支出の変化からハルツ改革にアプローチした結果，デュアリゼーションの性質が強く析出された（124頁）。「就労要求的な政策」と「事後的所得補償」では，失業期間の短縮は実現されても就労の質は問われない。メイク・ワーク・ペイ政策が，失業者の社会的給付からの自立とディーセントワーク（働きがいのある人間的な仕事）への就労を促すかは疑問である。これは，特に若年層のキャリア形成に影を落とすのではないか。アクティベーション政策が労働市場ならびに個々の労働者のエンプロイアビリティに与える影響を見極めるには，長期的視点が必須なのである。

本書が依拠する理論は，結果としての変化の多様性も重視する。ハルツⅣ以後のドイツの生活保障制度を，同時期の新自由主義的改革（三位一体改革）が地方政府の財政基盤を掘り崩した日本と比較しつつ検討した第5章は，やや毛色は違うが著者の問題関心を支える重要な議論である。第7章「補論」は，必ずしも財政学や経済学を専門としない人をも対象に，市民と社会というテーマで学問と実社会の架け橋を企図して加筆されている。

改めて確認しておけば，新自由主義的改革の多様な方向性を第二次赤緑連立期の社会国家に関する財政分析と一次資料や先行研究の精査により析出したことが，本書の意義である。ドイツの独自性を説明するのが，第6章「結語」の次のような一節だろう。「国家の積極的な介入がなければ競争的な市場は成立し得ないという命題が，オルドリベラリズムがシカゴ学派的新自由主義と明確に異なる点である。（・・・）全体主義を経験した戦後オルドリベラリズムは，『本来の権利』を『下の段階』に保持する分権的な体制を執拗なまでに追求した。戦後オルドリベラリズムのこうした命題は，フーコーによれば『現代ドイツ政治の骨格そのものを構成した』とされ，歴史的連続性をもって近年のドイツ政治にも影響を及ぼしている」（152頁）。このような見解は，著者のオリジナリティを示すとともに，若干の議論の余地のあるところでもある。

オルドリベラリズムは，戦後（西）ドイツの繁栄と福祉国家を支えた社会的市場経済の根幹をなす思想である。それは，市場への信頼と経済格差容認が畸形的なまでに拡大した今日の「新自由主義」とは似ても似つかない。だが，戦後初期に確立されたオルドリベラリズムが「歴史的連続性をもって近年のドイツ政治にも影響を及ぼしている」とまで言い切るには，少し慎重になるほうがよい。著しい状況変化の中で，考慮すべき要因は他にもあるかもしれないからである。第二次赤緑連立期の新自由主義的改革の「揺り戻し」に関し，マーストリヒト基準を超える財政赤字を解消するために，苦肉の策として営業税増税が選択された政治過程は，本書でも紹介されているとおりである。

エスピン＝アンデルセンの福祉国家レジーム論は，多くの先行研究が依拠する。戦後ドイツ福祉国家は保守主義と社会民主主義の間の狭小な空間に存在したとみた上で，党派交叉連合的な福祉ブロックが，キリスト教民主社会同盟内の経済派や自由民主党に社会民主党内モダナイザーを加えた「自由主義連合」に対して拒否権行使も非難回避戦略の突き崩しもできない状況に追い込まれたことが，2000年以降の福祉国家再編成の帰趨を決したとする近藤正基の議論[(1)]もそうである。保守主義レジームの自由主義化という議論もなされたが，エスピン＝アンデルセンのモデルではレジーム・シフトへの関心はさほど強くなく，むしろレジームごとの連続性が強調されているように見受けられる。ドイツが示したレジリエンスにしても，オルドリベラリズム的伝統が作用している可能性は否定できない。だが政治経済的アウトプットは多くの要因に規定されるため，シカゴ学派的新自由主義からの分岐をオルドリベラリズムを論拠に説明するのは，有力な仮説ではあるがそれ以上のものではないのである。

だがこれは，本書の価値を低めるものではなく，透徹した財政分析の帰結と言うべきである。このような分析視角は学問発展の上では不可欠であり，各領域におけるさまざまな方法論と相まって，同時代的現象を読み解くボキャブラリーを豊富化する試論となる。評者も含め，従来のドイツ政治研究では政党ブロック間の対立や相違を所与とした議論が少なくなかったが，党派色を感じさせない分析手法を用いたパフォーマンス評価によりことの本質に迫る研究方法は，新たな時代の研究動向を予感させる。

（1）近藤正基『現代ドイツ福祉国家の政治経済学』（ミネルヴァ書房，2009年），132頁。

書評

『戦争障害者の社会史 ―― 20世紀ドイツの経験と福祉国家』［北村陽子 著］

（名古屋大学出版会，2021年）

河合信晴

自己の責任によらず，心身に障害を負うということはけっして他人事ではない。しかもその結果には経済的な貧困が待ち受けている。この事態に対して近代以降，ヨーロッパでは慈善活動の範囲を超えて，国家から援護を受けることが権利として認められてきた。とりわけ，戦争という国家事業に徴兵という形で若年男性を強制的に動員し，戦闘行為に従事させ心身が害されたとき，本来責任を負うべき国家はその人に対してどのような補償をするのだろうか。本書はこの関心に応えてくれる研究であり，現代の戦争が「総力戦」となるなかで，ドイツにおいて「軍務中の傷病による心身の不全を生じた軍所属者」，ないしは「戦争障害者」への国家による支援が構築されていく過程を描く。

本書の特徴は単に「戦争障害者」に対する国家援護に関する制度が形成されていく過程を追うだけでなく，彼らをめぐる社会状況や当事者，家族，社会，国家それぞれの意識をその変遷を含めて分析している点にある。また従来，研究上言及しにくかったナチ期の状況についても，国家の政策と戦争障害者の立場の双方が検討されている。そこでは，戦争が生み出した弱者の社会統合に成功したというよりも，むしろ彼らと国家や社会との間の摩擦が析出されている。19世紀から20世紀前半の「戦争の時代」におけるドイツ社会国家（福祉国家）の生成過程の通史が，時代ごとの連続と断絶を踏まえて議論されているのである。ここからは現代社会を批判的に考察するための手がかりが提示されていると見ることもできる。

戦争障害者への国家による援護は，戦間期には軍務中の傷病に対しては，社会保障の請求権が法律で権利として認められつつも，単純に年金支給という形での金銭的な保障が与えられるだけではなかった。むしろ，いかに障害を負った元兵士をドイツ国内で再び社会ならびに経済活動へ復帰させるのかが重要な課題であったとされる。義手や義足などの開発が進められつつ，国家援護のなかでは再就職を促す職業訓練が重要な役割を占めた。そのため，年金の支給額は社会復帰が可能かどうかの程度で決定されていたとされる。いわば，障害にもかかわらず社会への復帰を促す方針が採られていたのである。筆者はこの点を「労働による自立」と呼び，戦争障害者への援護法は，彼らを「リサイクル」するためのものであったと評価する。そして，この「労働による自立」が第二次世界大戦後にまで至るドイツの戦争障害者支援の連続面として捉えられている。ただ，「労働による自立」という志向性は，なるべく彼らのための予算支出を抑え込みたいと考える国家や，その制度を主導した医師や法律家，帰還後に受け入れるドイツ社会の要請としてだけでなく，当事者である戦争障害者みずからも共有していたとされる。

社会と戦争障害者双方に共有する意識がありながらも，第一次大戦後には社会から戦争障害者に向けられる視線は嫌悪や無関心を基調としており，経済状況が不安定なヴァイマル期においては，声高に権利を主張するとして，戦争障害者には批判的ないしは侮蔑的なまなざしが向けられていた。これに対して，戦争障害者は「英雄」としての正当な評価が受けられていないと不満を募らせたと言われる。

ここには，戦争障害者は「労働による自立」によって社会に統合されるという想定がありながらも，現実には厄介者とみるドイツ社会の彼らに対する意識の二面性が浮き彫りにされている。本書はその背景として，当時のドイツ社会では男性が家族の扶養者になるべきであるとする性規範，強い男性像が持つ意味が大きかったと指摘する。このジェンダー・バイアスを社会の側との相互関係のなかでより詳細に検討している点が，本書の研究史上における最大の貢献とみなすことができよう[1]。

（1）ジェンダー的な視点について本書が参考にしている研究としては，Vgl. Sabine Kienitz, *Beschädigte Helden. Kriegsinvalidität und Körperbilder 1914-1923*, Paderborn: Schöningh, 2008.

さらには，この性規範が，戦闘行為によって発症した精神疾患を詐病ないしは戦争とは別の要因によってもたらされたものだとし，精神疾患を負った者を差別するきっかけにつながったとの指摘もなされている。ここからは戦争障害者内部でのさらなる差別構造が生み出された様子を読み取れる。

この状況が極端になったのがナチ期であり，戦争障害者であっても「民族共同体」への奉仕を求めて就労が促されつつも，精神疾患については戦争障害とは認められず，遺伝病として安楽死にいたる抹殺の対象になりかねなかったとされる。つまり，社会福祉で重要な弱者救済という援護の本質が否定されたと評価されているのである。第二次世界大戦がはじまると，戦争障害者はさらに増加するが，彼らは元通りの生活に戻れないことで劣等感を抱かざるをえなかった。社会内部ではナチスのプロパガンダによって労働への参画を強要する意識が強くなる半面，障害者家族には彼らの介助が負担になることに対する疲弊感が増大し，精神障害を発症したとみなされる場合は家族に類が及ぶことを恐れるといった事態を招いた。

第二次世界大戦の終結後，ドイツを占領した各連合国は，戦争障害者全体をナチ体制の支持者と見なしたために国家による公的支援を禁じた。その結果，地方自治体や民間団体の支援に頼る以外は，自身が労働しなければ生きていけないという状況になったとされる。最終的に援護法の代替措置となったのが労災保険による年金給付で，戦争障害者は特別な存在として扱われないこととなった。しかし，西ドイツでは戦争障害者の自発的社会団体が活動できたこともあり，独立後，特別の援護法を求める要求を受けて法律が制定されている。ただ，この法律は戦争障害者を一家の稼得者とみるこれまでのモデルに従って作られていた。そのため，必ずしも父親を家父長とはみなさなくなった第二次世界大戦後の社会との間で齟齬をきたしたとも言われ，ここには「労働による自立原則」の限界が見える。

以上の本書の内容と研究史上の意義を踏まえつつ，特に第二次世界大戦後の状況について，疑問点をいくつか提示したい。最も気になったのは，戦争障害者のうち，精神疾患を発症した人をめぐる状況について，戦間期や戦中までと比べた場合，戦後期の記述が少ない点にある。当事者団体の動きや西ドイツでの議会の議論を見ていても，彼らのことは黙殺されていると言えなくもないが，その理解は正しいのか。戦後世界においても，戦場体験によるトラウマ，精神疾患はドイツ社会ではそれ以前と同じ扱いを受け続けたのだろうか。そして，もしそうだとしたら，それが変化するのはどのような理由でいつ頃になるだろうか。

西ドイツでは当事者団体はその積極的な働きかけが認められて，1950 年の援護法の制定以降，政策の実現に関与したと本書で述べられている。年金給付の主体となったのは行政だと理解できるものの，西ドイツ社会では利益団体としての機能以外に，この団体が就労支援をはじめとして何か具体的な役割を国家から委託されていた事例はあるだろうか。もしそうだとしたら，西ドイツは福祉国家モデルの分類において保守的レジームと呼ばれるが，その点を証明する一例と位置付けることができよう。

また，本書は，西ドイツの援護法が依然として「労働による自立」原則に則る形で制定される一方，社会では戦中の経験から従来の家族規範が通用する家庭が少なくなっており，家族のあり方の多様化が進んだと論じている。しかも 1950 年代末には，「戦争犠牲者」と見なされる人の範囲が広がり，直接戦闘に従事した男性だけでなく，東欧からの被追放民や空襲で被害を被った人などに拡大したともいわれる。このような社会の変化に対して，戦争障害者をめぐる政策は，援護法制定当初の考えを維持しつづけられたのであろうか。たとえ年金の支給額が変化しないとしても，対象者への職業訓練支援等，ほかの援助の仕方は変化することはなかったのだろうか。ないしは，家族の多様化が進んでいながらも依然として男性稼得者モデルに基づいて構築されていったドイツ社会国家の一例であるとみなしうるのか。

ただ，第二次世界大戦後の「労働による自立」の実態として，本書では戦争障害者は生活上迫られて就業せざるをえなかったという指摘もなされており，この点を重視するならば，内実はそれ以前とでは表面的には同じようにみえて，変化していると評価することもできる。そこからは，戦争障害者福祉のあり方には，第二次世界大戦後の西ドイツとそれ以前とをわける断絶面があると見えなくもない。それだからこそ，本書がいう戦争障害者への援護のありかたが他の福祉分野へと拡大したという主張が説得性を増すとも考えられる。法的に権利として援護を求めることが認められたとしても，従来の戦争障害者支援は「自助」の要素を含まざるをえない以上，その考えをそのままにして，第二次世界大戦後の広範な戦争被害とそれを受けた多様な家族像に対応していたとみなしうるのか。ないしは，そもそも西ドイツ社会国家ではこの矛盾を当初から抱えながら，1970 年代まで整備，拡張が進んでいったのであり，それが戦争障害者への支援に典型的に現れると評価できるのだろうか。このような点に答えようとすると，ないものねだりになるのだが，戦勝国との対比もあったほうがより理解が深まったかもしれない。

本書は第二次世界大戦後の東ドイツの障害者支援については，その政策の概要を説明するに留まり，今後の課題であると慎重に述べている。東ドイツの政治社会史，日常史を検討している評者に期待されているのは，この点について，今後いかなる研究の可能性，広がりが具体的にあるのかを提示することであろう。そこで，東ドイツ史全般との関係を踏まえつつ論じてみたい。

東ドイツの戦争障害者の国家援護は，連合4ヵ国の占領体制下に作られた労働災害として支援を受ける枠組みを継続して採用している。彼らは特別に援護の対象となるわけではないものの，評者が見るところ，これはいかなる者でも障害を負うならば，国家の支援を一律で受けることができる社会主義の理想を実現したと主張することもできなくもない。しかし，東ドイツの国是である「反ファシズム」からすれば，ナチスを積極的に支持したとみなされる戦争障害者は，障害が可視化されている以上，絶えず非難にさらされる恐れがある。しかもこの国では，自立的な当事者団体を結成する自由は存在しなかった。先行研究によれば，当事者団体として結成されたのは視覚と聴覚の障害者グループだけだったとされる。なお，1950年代半ばからは障害年金に関する支援は労働組合が責任を担うようになったとされるが，果たして彼らはいかなる社会の目にさらされていたのか，さらには，政府や社会主義統一党の意向に従わざるをえない対象だったのかという点は，まだ未解明のまま残された課題である[(2)]。また，精神障害を負った戦争障害者への対応については，やはり西ドイツと同じように戦前からの連続性のなかで捉えることができるだろうか。

ただその一方で，この国を巡る経済ならびに社会状況に鑑みると，本書が述べる戦争障害者の「労働による自立」原則と男性稼得者モデルは変化せざるをえないともいえる。女性の社会進出の建前や実際の労働力確保の観点から，この国では女性の就業がいち早く促されてきた。それと同様に，障害者についても生産活動へと復帰させる必要性は一貫して高かったと推測される。それゆえ本書が検討した職業訓練の様子についても，東ドイツの事例に着目する意義は大きい。また，戦争障害者に対する介護負担の在り方もこの国独自のあり方を示すものとして指摘できるかもしれない。

これらの点を検討するならば，「反ファシズム」の建国理念と現実の社会主義建設の関係性が，戦争障害者への対応を通じて浮かびあがってくるはずである。いわば，東ドイツ独自の戦争障害者の統合政策のあり方，またそれに付随した社会のまなざしの変化まで視野に入れた分析により，体制と社会双方の価値変容過程が明らかになる可能性がある。

東ドイツは1956年に正式に再軍備を完成させ，ワルシャワ条約機構に加入する。そして62年には，徴兵制を施行し「国家人民軍」に入営する人びとが増加する。東ドイツは戦争に参加しなかったが，兵役中の事故や病気により除隊する人もいたと容易に想像できる。彼らについても労災の枠組みで救済するという方針に変化はなかったのであろうか。社会主義統一党は，国内ではこの「国家人民軍」を平和のための軍隊として正当化した。そのための援護の方法は，旧来の戦争障害者と同じなのか，それともなんらかの特別の取り扱いをしたのであろうか。

また，東ドイツで暮らしていた戦争障害者のなかでどのくらいの人びとが，1945年から61年のベルリンの壁の建設，ないしは少なくとも52年に両ドイツ間境界線が警備強化されるまでの期間，西ドイツ側へ逃亡したのかも気になる。これは，東西ドイツ間の戦争障害者への処遇の違いを端的に比較できる事例である。東西ドイツの歴史を一体として考えるならば，両者の相互作用を社会史分野において検討できる例であり，戦後ドイツ史全般への示唆も得られるはずである。

最後に，東ドイツの余暇活動を考察してきた立場からのコメントを付け加えたい。当初，東ドイツの余暇スポーツは労働者の労働生産能力の回復のために有意義であるとする立場から，健康な生活を送るためにその重要性が説かれていた。ここに，戦争障害者だけでなく障害者全般の健康維持と，労働力の回復という側面を加えてみると，東ドイツでの余暇スポーツの意味，そこから余暇そのものの価値を再考する必要がでてくるかもしれない。

読み進めていくと，このように批判点というよりもむしろ重要な論点が次々に浮かんでくる。本書はそれゆえ，東ドイツ国家社会主義体制下における福祉ないしは社会国家のあり方を探るうえで，豊かな鉱脈を示す作品であることに疑いはない。

---

(2) Vgl. Michael Schwartz, Constantin Goschler, „Ausgleich von Kriegs- und Diktaturfolgen, soziales Entscheidungsrecht", in: Bundesministerium für Arbeit und Soziales und Bundesarchiv (Hrsg.), *Geschichte der Sozialpolitik in Deutschland seit 1945*, Bd. 8, Baden-Baden, 2004, S. 589-654, hier S. 598-599.

執筆者紹介（掲載順）

◉**西山 暁義**（にしやま あきよし）
共立女子大学国際学部教授（ドイツ近現代史）
「世界史のなかで変動する地域と生活世界」小川幸司編『岩波講座 世界歴史 01 ――世界史とは何か』（共著，岩波書店，2021 年），113−144 頁；「外国史教育における複眼的史料集の可能性――ドイツの歴史教育と近現代史の例から考える」『共立女子大学・共立女子短期大学総合文化研究所紀要』第 26 号（2020 年），49−74 頁。

◉**林 香里**（はやし かおり）
東京大学大学院情報学環教授（メディア／ジャーナリズム研究）
Kaori Hayashi, Pablo J. Boczkowski, Neta Kligler-Vilenchik, Eugenia Mitchelstein, Keren Tenenboim-Weinblatt & Mikko Villi (2021), Gendered power relations in the digital age: an analysis of Japanese women's media choice and use within a global context, *Feminist Media Studies*；『メディア不信――何が問われているのか』（岩波新書，2017 年）。

◉**高田 博行**（たかだ ひろゆき）
学習院大学文学部教授（ドイツ語史）
Grammatik und Sprachwirklichkeit von 1640-1700, Tübingen: Max Niemeyer, 1998 (Reprint, Walter de Gruyter: Berlin/New York, 2011)；『ヒトラー演説――熱狂の真実』（中央公論新社，2014 年）。

◉**穂鷹 知美**（ほたか ともみ）
ライター（ドイツ語圏の現代コミュニケーション）
「第 2 部 コロナ危機下のヨーロッパの都市――ウィズコロナ時代への胎動」吉永明宏・穂鷹知美『コロナ下の都市環境とアメニティ』（KMS（環境問題出版），2022 年刊行予定）；『都市と緑――近代ドイツの緑化文化』（山川出版社，2004 年）。

◉**ナイハード・クリストフ**
元南ドイツ新聞海外特派員（日本／韓国）
Der Fünfliber im Kuhfladen. Die Schweiz von außen gesehen, Ed. Isele 2021; *Die Nudel. Eine Kulturgeschichte mit Biss*, Deuticke, 2007（『ヌードルの文化史』柏書房，2011 年）

◉**佐藤 公紀**（さとう きみのり）
明治大学法学部専任講師（ドイツ近現代史／現代ドイツ政治）
「教育刑と犯罪生物学――ヴァイマルからナチズムへ」石田勇治・川喜田敦子編『ナチズム・ホロコーストと戦後ドイツ』（勉誠出版，2020 年），3−31 頁；「「民主主義の新たな対立線」？―― 2017 年ドイツ連邦議会選挙と政治動向」『歴史学研究』No.972（2018 年），48−58 頁。

◉**木戸 裕**（きど ゆたか）
元国立国会図書館専門調査員（ドイツ教育研究）
『ドイツ統一・EU 統合とグローバリズム――教育の視点からみたその軌跡と課題』（東信堂，2012 年）；「ドイツの大学入学制度改革――高等教育改革との関連から」大学入試センター入学者選抜研究に関する調査室編『多面的・総合的な評価に基づく大学入学者選抜に関する海外調査報告書』（大学入試センター，2021 年），111−124 頁。

◉**栗原 麗羅**（くりはら れいら）
東京医療保健大学和歌山看護学部講師（比較教育学）
「ドイツにおける二大政党間の学校政策の相違に関する研究―― PISA および国連調査と保護者の改革運動に着目して」『比較教育学研究』第 53 号（2016 年），71−92 頁；「学校制度」古賀毅編著『やさしく学ぶ教職課程――教育原理』（学文社，2020 年），26−30 頁。

◉**伊藤 実歩子**（いとう みほこ）
立教大学文学部教授（教育方法学，教育評価論）
『変動する大学入試――資格か選抜か ヨーロッパと日本』（大修館書店，2020 年）；「ドイツ語圏の教育改革における Bildung とコンピテンシー」『グローバル化時代の教育評価改革――日本・アジア・欧米を結ぶ』（日本標準，2016 年），124−135 頁。

◉**辻 朋季**（つじ ともき）
明治大学農学部准教授（日独文化交流史）
「新資料から読み直す宮古島でのドイツ商船漂着

（一八七三年）の経緯――イギリス船カーリュー号の関与と乗組員の数を中心として」『沖縄文化研究』47号（2020年），97－149頁；„Japanologie als Kolonialwissenschaft? - Zum 100-jährigen Jubiläum der deutschen Japanologie“, Teruaki Takahashi（Hrsg.), *Herder, Japan und das fremde Denken*, Verlag Karl Alber, 2019, S. 89-102.

◉西林 勝吾（にしばやし しょうご）
大正大学地域創生学部専任講師（環境経済学，経済学史）
“A. V. Kneese's Water Quality Management Research（1960s), within the History of Environmental Economics”, *Journal of the History of Economic Thought*, vol.41（3), September 2019, pp.411-431；「失われる有明海の水産資源」『「諫早湾干拓問題検証委員会」報告書“宝の海”を再び！――日本一の干潟を取り戻そう』（2021年8月）69－79頁。

◉渡辺 重夫（わたなべ しげお）
ベルリン国際応用科学大学非常勤講師（制度経済学，生態系経済学）
“Unintended Economic Consequences of Biotrade in Namibian Marula Plant Oil: a Study of Changing Patterns of Economic Behaviour”, *Jahrbuch der Österreichischen Gesellschaft für Agrarökonomie*, Heft 24, 2015, S. 265-274; „Die Auswirkungen von Biotrade-Verträgen am Beispiel von Marula-Pflanzenöl aus Namibia. eine institutionelle Analyse“, Horst Korn und Kathrin Bockmühl（Hrsg.), *Treffpunkt Biologische Vielfalt（XV). Interdisziplinärer Forschungsaustausch im Rahmen des Übereinkommens über die biologische Vielfalt BfN-Skripten 436*, Bundesamt für Naturschutz, 2016, S. 111-117.

◉寺林 暁良（てらばやし あきら）
北星学園大学文学部専任講師（環境社会学）
「ドイツにおけるエネルギー協同組合の新展開」『ドイツ研究』51号（2017年），109－116頁；「期待される地域金融――ドイツと日本の比較から」寺西俊一／石田信隆／山下英俊編『ドイツに学ぶ地域からのエネルギー転換――再生可能エネルギーと地域の自立』（家の光協会，2013年），135－168頁。

◉宇都宮 浄人（うつのみや きよひと）
関西大学経済学部教授（交通経済学）
『地域公共交通の統合的政策』（東洋経済新報社，2020年）；『地域再生の戦略』（筑摩書房，2015年）

◉大重 光太郎（おおしげ こうたろう）
獨協大学外国語学部ドイツ語学科教授（労働社会学・労使関係論）
Konvergenz der Interessenvertretungen durch Globalisierung? Ein Vergleich der Funktionsmechanismen der Arbeitnehmerinteressenvertretungssysteme in Deutschland und Japan am Beispiel der Elektroindustrie. Peter Lang: Frankfurt/Main et al., 1999；「1990年代以降のドイツにおける労働協約体制の変容――国家の役割に注目して」『大原社会問題研究所雑誌』No.631（2011年5月号），47－65頁。

◉小野 一（おの はじめ）
工学院大学教育推進機構教授（ドイツ現代政治学）
『ドイツにおける「赤と緑」の実験』（御茶の水書房，2009年）；『緑の党／運動・思想・政党の歴史』（講談社，2014年）

◉河合 信晴（かわい のぶはる）
広島大学大学院人間社会科学研究科（総合科学部）准教授（ドイツ現代史）
『政治がつむぎだす日常――東ドイツの余暇と「ふつうの人びと」』（現代書館，2015年）；『物語　東ドイツの歴史――分断国家の挑戦と挫折』（中央公論新社，2020年）

日本ドイツ学会　第37回大会報告

日本ドイツ学会大会は2021年6月19日（土），オンラインにて開催された。プログラムは以下の通りである。

フォーラム　10時–12時

1　ドイツとオーストリアにおける高大接続改革――アビトゥーアとマトゥーラをめぐる近年の動向

コーディネーター　木戸　裕

司会　伊藤実歩子

1）ドイツにおける高等教育の変容と高大接続改革【木戸裕】

2）ドイツにおける大学進学機会の変化とアビトゥーア改革【栗原麗羅】

3）オーストリアのマトゥーラ改革――コンピテンシーと文学【伊藤実歩子】

2　ノルトライン＝ヴェストファーレン州の水管理組合

司会　寺林暁良

1）エムシャー川とルール川における水管理組合【西林勝吾・渡辺重夫】

2）水資源の共同管理が持つ現代的意義
――ノルトライン＝ヴェストファーレン州の水管理組合を事例に【寺林暁良】

3　個別研究報告フォーラム

司会　小野寺拓也

1）ヒトラーの芸術観を再考する――第三帝国の「美学」とは何か【石田圭子】

・コメント【田野大輔】

2）俯瞰性と科学的凝視の交錯に見る「日本芸術」言説――『ブロックハウス事典』第14版第9巻（1894）と第15版第9巻（1931）を比較する【馬場浩平】

・コメント【辻朋季】

シンポジウム　13時30分–17時

Lügenpresse ――マスゴミ？　日本とドイツにおけるメディアの位相

司会　穐山洋子，川喜田敦子

企画　西山暁義

1）日独メディア社会の課題と展望――デジタル化時代のメディアの信頼調査をもとに【林香里】

2）言語データが暴くナチ語彙 Lügenpresse という神話【高田博行】

3）ネットワーク執行法でネット上の発言はどう変わったか
――デジタル時代のメディアとコミュニケーション【穂鷹知美】

4）“Lügenpresse” and “Harmful Rumors” Who is Undermining the Credibility of the Media in Germany and Japan?【クリストフ・ナイトハルト】（この報告は英語で行われました）

東京大学ドイツ・ヨーロッパ研究センター共催

2020年度ドイツ学会奨励賞受賞作発表ならびに選考理由

西山暁義
（学会奨励賞選考委員会　委員長）

2020年度の日本ドイツ学会奨励賞は，濱谷佳奈さんの『現代ドイツの倫理・道徳教育にみる多様性と連携――中等教育の宗教科と倫理・哲学科との関係史』風間書房に授与することとなりました。

以下，審査の経緯について，簡単にご報告申し上げます。

今回，奨励賞候補作品として査読対象となりましたのは，濱谷さんの作品を含め，合計4点でした。このことに関しまして，例年の通り，自薦および他薦によるものでしたが，募集にあたりまして，学会HPにおいて募集の呼びかけが更新されておらず，昨年度のままとなっていたことが，査読作品確定の段階ではじめて判明いたしました。そのため，近藤理事長をはじめ学会事務局ともご相談した結果，次回2021年度については，2020年に刊行された作品も候補となりうることとし，理事幹事会においてご承認をいただきました。この不備につきまして，学会奨励賞選考委員会を代表しまして心よりお詫びいたしますとともに，再発の防止に万全を期す所存でございますので，何卒ご容赦いただきますよう，お願い申し上げます。

さて，この4作品につきまして，本年度も6名の選考委員が査読し，それぞれの作品の評価を事務局に提出しました。評価は従来通り，各委員がそれぞれの作品に所見とともに10点満点で評点を付け，それを集計する形で行いました。その上で，5月30日，事務局村上さんを含め委員7名の参加によるオンライン会議での合議のうえ，受賞作として満場一致で濱谷さんの作品を選出いたしました。そのうえで，この結果を6月5日の理事幹事会に答申し，承認をいただき，受賞が確定した濱谷さんにご連絡を差し上げた次第です。

次に授賞理由についてご報告いたします。

濱谷さんの作品は，現代ドイツの公教育における「宗教科」と「倫理・哲学科」との関係性とその関係の歴史的変容を，それらの制度的地位，さらに実際のカリキュラム内容，授業実践という複数の観点から明らかにしようとするものです。世俗国家と宗教の相克関係はもちろんドイツに限られた現象ではありませんが，ドイツの場合，歴史的に宗派とも密接に関連した連邦制をとり，また宗教に否定的であった東ドイツを統合したという歴史的背景。そして，存在感を増すイスラーム移民や，歴史的経緯から人数は少なくとも重要な地位を占めるユダヤ教徒たち。こうした複雑な多様性をもつドイツにおいて，宗教と哲学・倫理は学校教育においてどのように位置づけられているのか。この重要な問いに対し，濱谷さんの研究は，法制度，カリキュラム，そして授業実践などの多面的にアプローチされています。そしてそこから，宗教間対話や多様な価値観の共存の実現へ向けて取り組む現在のドイツの努力と葛藤を教育という場所から浮かび上がらせており，教育学という1つの分野にとどまらず，現代ドイツ社会とその歴史的背景に関心をもつ者全般に貴重な示唆を投げかけているといえます。こうしたことから，本作品は日本ドイツ学会奨励賞の趣旨に照らしてその受賞にふさわしいものであるとの評価で，選考委員会は一致いたしました。

なお，前に述べました通り，本年度の募集について不備がございましたが，濱谷作品に対する評価は，評点の平均からみても歴代の受賞作と変わらず，高いものであったことを申し添えさせていただきます。

最後に，受賞された濱谷さんに心からのお祝いを申し上げて，報告を終えたいと思います。濱谷さん，まことにおめでとうございます。

2020年ドイツ学会奨励賞受賞挨拶

濵谷佳奈

この度は，拙著『現代ドイツの倫理・道徳教育にみる多様性と連携――中等教育の宗教科と倫理・哲学科との関係史』を2020年日本ドイツ学会奨励賞という栄えある賞に選定していただき，誠に光栄に存じます。本書をご推薦くださいました方々，選考委員会の先生方，これまでの研究生活でご指導を賜りました先生方，ドイツでの調査の過程でご協力くださったすべての方々に深く感謝申しあげます。この賞が「ドイツ語圏に関する学際的な学術研究」の発展に資することを目的として設けられたと知り，今後いっそうの精進を重ね，研究の深まりと広がりを目指して励んでまいりたいと存じます。

本書は，現代ドイツの中等教育段階における倫理・道徳教育にみられる「多様性」と「連携」という構造を明らかにすることを目的に掲げ，「宗教科」と「倫理・哲学科」との関係に注目し，そのあり方が1960年代のヴァチカン公会議以降どのように変化しているのかを考察しています。とりわけ，公立学校でありながら倫理・道徳教育が単純に「世俗化」されず，個々の宗派・宗教・世界観の尊重を貫いて特異なあり方が形成されてきた歩みを，多層的な分析を試みながら探ってゆきました。

ひとくちに「ドイツ」といっても決して一枚岩ではありませんので，これをふまえて本書では，「宗教科」と「倫理・哲学科」の法的位置づけが特徴的かつ対照的な四つの州の事例に焦点を当てています。日本語で書く論文としてやはり連邦全体を見通す必要性を重視したところ，予想以上に長い年月がかかってしまったという反省はあります。けれども，複数州における両教科の法的地位，カリキュラム，授業実践の三つの領域に注目することで，各州が各様に倫理・道徳教育のあり方を確立してきた様子が浮き彫りになりました。これによって，それぞれが「多様性」という特性をもつ宗派的宗教教育と世俗的価値教育という，大きく二つの輪郭をもつ倫理・道徳教育の複雑な関係性とその変容を描き出し，それが指し示す意味を考察するという道が開かれたのだと思います。

ドイツの倫理・道徳教育にみられる「多様性」と「連携」という構造の解明をとおして，本書で特に強調したいと思った点は，次の二点です。

第一に，ドイツの事例から言えば，近代公教育の一大特色とされる「近代化＝世俗化＝脱宗教化」という図式は基本法の制定期からすでに当てはまらない，という点です。ドイツ基本法は，キリスト教の宗派教育を公立学校で行うことを規定しつつも，その宗教科にわが子が出席するかどうかは，保護者が決定する権利も認めています。現在に至る宗教科とは，第二次世界大戦後のナチズムへの反省，第二ヴァチカン公会議，東西ドイツ統一といった歴史的文脈の中で，葛藤をくり返しながらその結果として出てきたものであり，「宗派教育」という枠組みこそ維持されているものの，そればかりを強化するものではありません。むしろ，世俗的価値教育としての倫理・哲学科との連携が模索されています。他方の倫理・哲学科においても，その教育内容では宗教科と目標を共有し，内容も共通する部分が多いと確認されました。このドイツの宗派的宗教教育と世俗的価値教育の特異性は，公教育のなかに，多種多様な宗派や世界観に由来する宗教性や倫理性の各々を，ある程度担保する形で持ち込むことが，倫理・道徳教育のひとつのモデルとして成立しうることを示唆していると考えられます。

第二に，各国が宗教や価値観など各種の多様性をどう尊重していくのかを考える上で，ムスリムの増加などによる信仰の多元化への対応を進めるドイツの事例が，格好の例を提供しているのではないか，という点です。日本では，教育基本法第九条が公立学校での「特定の宗教のための宗教教育」を禁止しているため，宗教による教育をどのように位置づけるかについて検討することが少ないといえます。同じように「宗教」や「道徳」といっても，教科としてのコンテクストも社会的文脈もドイツとは全く異なります。しかし，自他の宗教に関する理解や寛容は，宗教に起因するとされる軋轢や分断が生じている現代社会において，無くてはならない重要な基盤です。政教分離の原則を掲げているか否かに関わらず，学校教育のなかで宗教教育をどう位置づけ，どのように行うのか，また，宗教や価値観など各種の多様性をどう尊重していくのか，これらの問題をどのように解決していくのかという方策のあり方が問われているといえます。

最後になりますが，いくつかの書評で頂戴しました貴重なご指摘にお応えしていけるよう，また，日本とドイツの間の教育実践の交流に少しでもお役に立てるよう，さらに研鑽を積んでまいりたいと存じます。

この度は，本当にありがとうございました。

日本ドイツ学会案内

1. **ホームページ**
日本ドイツ学会のホームページは，http://www.jgd.sakura.ne.jp/ にあります。
ご意見・ご要望がありましたら，事務局までお寄せください。

2. **入会について**
入会希望者の方は，会員2名の推薦を得て，学会ホームページ上にある入会申込書に記入の上，下記事務局までお送りください。年会費は5,500円です。

3. **学会誌『ドイツ研究』への投稿募集**
『ドイツ研究』では，ドイツ語圏についての人文・社会科学系の論文，トピックス（研究動向紹介など学術的内容のテーマ），リポート（文化・社会情勢，時事問題などに関するアクチュアルな情報）の投稿を，会員より募集しています。分量は，ワープロ原稿（A4・40字40行）で論文10枚程度，トピックス5枚程度，リポート4枚程度となります。応募受付は毎年4月末まで，原稿の締切は8月20日です。なお，執筆の際は，『ドイツ研究』執筆要領に沿ってお書き下さい。投稿された論文については，投稿論文審査要綱にもとづく審査をへて，掲載の可否についてご連絡をいたします。詳しくは学会ホームページをご覧ください。

4. **新刊紹介の情報募集**
学会ホームページには，会員による新刊書籍・論文等の業績紹介ページを設けています。掲載希望の会員は，発行1年以内のものについて，書名（論文名），著者名（翻訳者名），発行年月日，発行所（掲載誌名），ISBN（ISSN），価格，書籍紹介ページのリンク等を，事務局までご連絡ください。

5. **連絡先**
〒153−8902　東京都目黒区駒場3−8−1
東京大学大学院総合文化研究科・教養学部　18号館
川喜田敦子研究室内　日本ドイツ学会事務局
germanstudies@jgd.sakura.ne.jp

日本ドイツ学会役員（2021年6月～2023年6月期）

【理事長】近藤孝弘

【副理事長】川喜田敦子

【理事】
青木聡子・秋野有紀・板橋拓己・小野寺拓也・玉川裕子・辻　英史・西山暁義・速水淑子・藤原辰史・弓削尚子

【監事】
足立信彦・香川　檀

【幹事】
穐山洋子・石井香江・石田圭子・伊豆田俊輔・伊藤　白・木戸　裕・坂野慎二・佐藤公紀・渋谷哲也・辻　朋季・浜崎桂子
針貝真理子・三成美保・水戸部由枝・宮崎麻子・村上宏昭・森田直子

【学会誌編集委員会（56号）】
秋野有紀（委員長）
穐山洋子・石井香江・伊豆田俊輔・伊藤　白・木戸　裕・佐藤公紀・辻　英史・浜崎桂子・速水淑子・針貝真理子・藤原辰史
水戸部由枝・三好範英

【学会奨励賞選考委員会】
西山暁義（委員長）
石田圭子・板橋拓己・坂野慎二・渋谷哲也・三成美保・村上宏昭（事務局）・弓削尚子

【企画委員会】
青木聡子（委員長）
小野寺拓也・辻　朋季・宮崎麻子・森田直子

編集後記

『ドイツ研究』第56号をお届けします。今回より，オンライン公開が実現いたしました。

本号では，2021年6月19日に開催された第37回日本ドイツ学会大会より，シンポジウム報告を4つと，2つのフォーラム報告を掲載しております。

コロナ禍ゆえに，本年もオンラインでの実施となりましたが，シンポジウムでは「Lügenpresse ――マスゴミ？　日本とドイツにおけるメディアの位相」というテーマのもと，学術，ジャーナリズムの分野から4名の専門家をパネリストにお迎えし，多くの参加者のみなさまとともに，充実した議論が繰り広げられました。フォーラムからは，「ドイツとオーストリアにおける高大接続改革」を論文として，「ノルトライン＝ヴェストファーレン州の水管理組合」をトピックとして，ご寄稿いただきました。誌面を通じて，当日の雰囲気の一端が伝わり，さらなる議論のきっかけへと繋がればと思っております。さらに本号は，公募論文1本と書評4本をお寄せいただき，多角的な視点から，ドイツと日本について考察を深めることのできる示唆に富む誌面となりました。いずれも重厚で刺激的な論考ばかりで，学際的でアクチュアルなドイツ研究の最前線を垣間見ることができます。

多忙を極めるなか，ご寄稿いただきました執筆者のみなさま，査読をお引き受けいただきました先生がた，折にふれ貴重なご助言とあたたかい激励をいただきました速水淑子前編集委員長，本号に至るまでのオンライン公開を推進くださいました辻英史第54号編集委員長，コロナ禍で想定外の事態が多発する日々にもかかわらず，これまで同様に迅速かつ丁寧に編集・校閲を進めてくださった編集委員の皆さま，いつも親身になってご対応いただきました双文社印刷の皆さま，販売をお任せする極東書店の皆さまに，心より，御礼を申し上げます。

（秋野 有紀）

ドイツ研究　第56号
Deutschstudien Nr. 56

2022年3月30日　第1版第1刷発行

編　者▶日本ドイツ学会編集委員会
編集委員長　秋野有紀
発　行▶日本ドイツ学会
理事長　近藤孝弘
発　売▶株式会社　極東書店
〒101-8672　東京都千代田区神田三崎町2-7-10
帝都三崎町ビル
印刷・製本▶株式会社　双文社印刷

ISBN 978-4-8739-4070-0